99%的人都用错了 销售技巧
实战篇

火速搞定交易关键人，3周拿单的秘密

〔日〕森功有 著
莫莫 译

古吴轩出版社

图书在版编目（CIP）数据

99%的人都用错了销售技巧. 实战篇／（日）森功有著；莫莫译. —苏州：古吴轩出版社，2013.5（2016.3重印）
ISBN 978-7-5546-0081-8

Ⅰ.① 9… Ⅱ.①森… ②莫… Ⅲ.①销售—方法 Ⅳ.① F713.3

中国版本图书馆 CIP 数据核字（2013）第 094036 号

责任编辑：王　琦
见习编辑：徐小良
策　　划：安　安
装帧设计：王俊波

书　　名：	99%的人都用错了销售技巧·实战篇
著　　者：	〔日〕森　功有
译　　者：	莫　莫
出版发行：	古吴轩出版社

地址：苏州市十梓街458号　　邮编：215006
Http://www.guwuxuancbs.com　　E-mail：gwxcbs@126.com
电话：0512-65233679　　传真：0512-65220750

出 版 人：钱经纬
经　　销：新华书店
印　　刷：北京凯达印务有限公司
开　　本：880×1230　1/32
印　　张：7.5
版　　次：2013年7月第1版
印　　次：2016年3月第4次印刷
书　　号：ISBN 978-7-5546-0081-8
著作权合同：图字10-2013-154号
登 记 号
定　　价：29.80元

如发现印装质量问题，影响阅读，请与印刷厂联系调换：010-85386900

本年度销售行业优秀畅销书

广大投资者、企业经理人、一线销售员必读图书

测一测你的销售能力

金牌业务员必须要做到的10件事,你做到了多少?请在你做到的选项前面打"√"。

☐ 永远比客户晚放下电话。

☐ 多说"我们",少说"我"。

☐ 在不了解客户的需求时,尽量让客户说话。

☐ 确认客户的问题,并重复回答客户的疑问。

☐ 不要一见面就推销。

☐ 要满足客户的需求,而不是推销产品。

☐ 不能盲目跟风,只知皮毛不知肉。

☐ 对没指望的客户趁早收手。

☐ 研究对手的产品和服务。

☐ 不对客户唯命是从。

9-10个"√":您是优秀的业务员。
6-8个"√":您只是一般的业务员,业绩平平。
4-6个"√":您是待训练的业务员。
0-4个"√":您是刚入行的新手业务员,必须从零开始学习。

读者赞声连连

我们公司虽然经常安排业务研习会,但内容都太过抽象,几乎都有实际操作上的困难。偶然的机会,我读了森先生的书。他的方法让我一看就觉得一定能马上派上用场,内容不仅实用易懂,而且非常有条理,让我一甩多年的困惑,豁然开朗。

证券投资公司业务经理　39岁　男性

　　老实说,我实在受够了原本的销售方式。我读了不少书,也参加了各种研讨会,却找不到任何有效的销售方法。就算我照着他们说的方法做,也达不到预期的效果。也就是说那些方法只适合一部分人,对我来说根本派不上用场。这本书的方法很简单,让人觉得值得一试。我现在觉得当业务员是件非常快乐的事。以往就算接触80位客户,顶多能签下2笔合约,但这个方法可以让我签下15笔以上的合约,成果让我非常满意。

　　　　IT服务公司职员　　30岁　　女性

我的嘴巴很笨，最怕打电话约客户。不过，只要照着这本书介绍的方法去做，就算是口拙如我的人，不用多费唇舌也可以成功约到客户。电话约谈成功率竟从原来的0.8%提高到10%。约见之后成功签约的比例也提高到15%。这让我充满自信，我衷心感谢作者。

系统开发公司业务员　28岁　男性

虽然我经常在外跑业务，但是花了3个月都无法搞定一位客户。就在此时，我无意中听说了森先生的黄金好习惯，当下为之一振，于是就按照书上的方法去做，结果才3周就签下了合约。原本业绩拖后腿的我，现在已经晋升到前五名，真的让我很意外。

医药销售公司职员　26岁　女性

用了这本书介绍的方法后,公司领导就对我刮目相看,认为我很不简单,我自己也觉得很光荣。签约的成功率由原来的2%提高到20%,目前正努力朝30%的目标迈进。

房地产销售公司业务经理 32岁 男性

森先生的方法成功率之高，我早就想知道是怎么回事了。我学会了这个黄金好习惯之后，电话约见客户的成功率就从原来的1%提高到20%，之后成交的比率最高达30%。黄金好习惯的命中率实在高得让我惊讶不已。这些方法同时能够缩短商谈周期，提高效率。老实说，我真不希望对手知道这些方法。

信息技术公司业务代表　35岁　男性

前言

黄金好习惯让我
成为伟大的业务员

● 业务员是最适合学习"做人"的职业

我从学生时代就担任家教公司的业务员,毕业后进入富士全录,开始使用"交易关键人攻略法"。到现在我担任各大企业的销售顾问,书中分享的经验是当了一辈子业务员的我认为有些业务员一定要知道的事。

业务员不但要动脑筋,而且要有宽广的视野和充沛的精力,同时还需要具备洞察人心的能力。无论是以前还是现在,我都以这份工作为荣。

我曾经询问过一位优秀的顾问:何谓业务的真谛?这位精通企业经营、财务和行销等商业理论的顾问竟说不出个所以然,而这正是许多业务员面对的状况。

一些即将毕业、正准备找工作的学生甚至表示:"做什么都好,就是不要做业务员。"他们脑子想的大概都是可怕的销售拜访、遥不可及的业绩,或是无止境地打电话找客户,而且还认为业务员就是得对人点头哈腰吧?

遗憾的是，目前的学校教育也将"销售"视为比较低级的工作，并不重视，这实在让人难过。

虽然，见面拜访或电话拜访很痛苦，需要精力，同时还要承受业绩的压力，但销售工作其实不是只有这些。

业务员可以说是最适合学习"做人"的职业。运用智慧和客户心灵相通，才是真正的业务员最应该做的事。然而，很多业务经理培训下属时，因没有好的方法而不得要领。他们一直以来只知道靠精力一决胜负，而无法传授业务工作的真谛和魅力。

因为业绩好而胜任经理的他们，并不一定懂得如何培训下属，或是有什么值得学习的理念。对于由衷热爱业务工作的我而言，他们反而是问题的所在。

这本书虽然是为新手业务员而写，但我希望那些茫然无序的业务经理也看一看。我想：就算已经是经理，应该还是有不少人不懂得如何接触企业高层，并与企业高层洽谈生意吧？

●凭借一个梦想,开始我的职业生涯

我的第一份工作是在富士全录做业务员。之所以选择这家公司,是因为当时富士全录创造的"VBCP制度"(Venture Business Challenge Program,即创投事业挑战计划),让我心中燃起了自我创业的愿望,这也正是我当时找工作的重要原因之一。

入职富士全录之后,我被安排在销售计算机系统的业务部门。对于新进职员来说,比起常见的复印机或传真机之类的商品,计算机系统是非常难卖的商品。

不过,我心想:我大二就在"家教公司"打工,当业务员。当时虽然只是名学生,表现却相当出色,现在就算被分派难度最大的工作,我也绝不会输给一起进公司的同事们。不仅如此,我还激励自己一定要成为公司金牌业务员。

果然,第一年我就成为了"业务新人王"。

因为从一开始,我就比其他新进同事们懂得如何谈判、提交企划案、向客户推销和谈生意。所以拿下"业务新人王"这个称号一点也不令人意外。当时我所用的方法就是"穷追猛打业务法"。那时的我深信见到越多的客户，就能谈妥越多的生意，其实就是所谓的"乱枪打鸟"的推销方法。事实上，这样的做法在某些时候也确实是有效的。

最开始我靠着打电话、发邮件、发传真、直接上门拜访以及主动接触前来参加研讨会的客户来完成业绩，后来则是通过网络发送产品简介、电邮杂志或通过电子邮件进行广告销售等方式来提高业绩。只要客户稍有回应，我就会主动上门拜访，设法谈成生意。那时，我比谁都要早上班，只要有时间就去拜访客户，每天都会工作到深夜。

虽然每天晚上都要应酬，但第二天早上我还是比所有人都早到公司。即使那时我很年轻，体力尚可负荷，却也知道这样的方式很难走得长久。更重要的是，我虽然成绩斐然，但每天非常忙碌，感受不到真正的成就感。

现在，我回头重新审视当时的状况，发现自己以往的做法非常短视：只做眼前的工作，其中有许多工作都是毫无价值的杂事，没有为自己的将来保留有价值的时间。

当时富士全录整体的工作环境非常好，时间长了，我因为整天忙碌眼前的工作，完全忘记了刚进公司时想创业的梦想。不！应该说是迷失了方向。现在回头看看自己在富士全录的那段时光，深感自己能有那样的成绩大概已经是极限了，不可能再有成长的空间。

●靠黄金好习惯达成1000%的业绩目标

　　就在我觉得苦闷之际,我遇到一位业绩极佳的前辈。他平时特别悠闲,而我总是忙得不可开交。

　　"我和他到底哪里不一样呢?"我心中常浮现这个问题。于是我仔细研究我们之间的不同,结果得到了一个影响我一生的发现。

　　得到这个发现以后,我立即将自己原本杂乱无章的业务方法去粗取精,总结成新的业务方法。使用之后,第二年我的业绩马上出现了完全不同的结果。我竟轻轻松松地超越了之前拼死拼活才能达到的200%的目标成功率,而且还创下了1000%的成功率。

　　后来我在富士全录的几年里,连续创造出优异的业绩。当时的成果连我自己都不敢相信。

● 突破另一道关卡

我在创下连自己都不敢置信的业绩后，就离开了富士全录，进入人力派遣公司，并坐上了公司的第二把交椅。

因为我已经知道怎么运用这个新的业务方法，也想尽快教给我的下属，不过遇到了意想不到的障碍。现在想来虽然理所当然，但当时就算我把自己的经验告诉他们，他们也未必能够创造出同样的成果。因为，当时我使用的销售技巧会因不同的人而有不同的成果，这也是很正常的事情。因此，无论我如何教，那些不能理解和没有经验的下属也还是无法掌握其中的要点。

我在还没找到此类问题的解决方法之前，一直对他们无法运用这套业务方法而感到焦虑。但在我找出其中的问题之后，就能够轻松地、有的放矢地帮助他们解决问题，让他们实际运用这套方法，并创下惊人的业绩。并且，就连以前业绩最差的业务员也大有长进。

● 从交易关键人下手

"从交易关键人下手"是成为金牌业务员的黄金好习惯。

在我担任顾问的公司里,业务员如果是用一般的方法,平均来说,打500通电话,只能约到5至10位客户。就算他们能约到10位客户,登门拜访之后,也只能谈妥至多1笔生意,成功率大约只有0.2%。但是,在直接和"有决策权的关键人"谈生意之后,接触50位客户,平均可以约到10位客户,谈成2笔生意,成功率约为4%,这比使用一般的方法高出20倍。此外,正如实际使用过的读者所说,直接和有决策权的关键人谈生意,不仅可以缩短商谈的时间,还能提高商品的单价。

不过,每次当我向大家介绍这个方法时,总是会听到有人说:"我太容易紧张了,没办法拜访企业高层。""我听过'交易关键人攻略法',但是不知道该怎么做。"或是"我以前曾经试过,但成效不佳"等等说法。

这个方法在尚未建立成完整的体系前,确实很难效仿,但是现在这套方法已经整理成书，是一套谁都能够运用自如的业务技巧了。

　　这个黄金好习惯之所以神奇，是因为它不需要任何业务技巧，是每个人都能轻易上手、创造惊人业绩的好方法。
　　本书所介绍的"交易关键人攻略法"，目前正被我担任顾问的多家公司所采用，成效颇佳。我深信这套方法一定也能大幅提升大家的业绩。

森　功有

【目录】

第一章
金牌业务员的8大思考模式

01 | 金牌业务员是这样思考的

不是"怎么卖",而是"卖给谁" \ 019

建立让客户"口口相传"的机制 \ 021

对没指望的客户趁早放手 \ 023

不要让结果影响情绪,要分析原因 \ 025

除了公司目标,还要另拟个人目标 \ 027

研究竞争对手的商品和服务 \ 029

成为客户的顾问,而非听命于客户 \ 030

把一天分成五个区块,填满行程 \ 031

02 | 为什么要使用"交易关键人攻略法"

"交易关键人"是谁 \ 034

部门负责人的决定权越来越小 \ 036

没有黄金好习惯就会受制于经济状况 \ 040

"大海捞针"地培养潜在客户是不可能的 \ 042

约见企业高层是重点 \ 045

打动企业高层需要特制的方法 \ 047

第二章

在办公室内轻易锁定目标

01 | 谁才是你的目标
　　能否拿单全看你说服的人是谁 \ 053
　　将目标对象锁定为上市企业的高层 \ 057

02 | 在办公室开发潜在客户
　　利用公司关键字检索潜在客户 \ 062
　　只读财报快讯中"企业面对的问题"\ 064
　　从经营管理的角度选择"公司的关键字"\ 067

03 | 进一步锁定有成交希望的公司
　　以"赚不赚钱"为选取标准 \ 072
　　利用公司过去的业绩也可锁定目标客户 \ 075

04 | 如何寻找应接触的对象
　　利用财经刊物锁定企业的管理高层 \ 080
　　彻底调查对方的出生地、毕业学校和兴趣 \ 082
　　确定对方的长相 \ 085
　　利用公司内部所有人的人脉 \ 087

05 | 成功约见的秘诀
　　从出现在媒体上的企业高层着手 \ 090
　　找出自己和对方的关联性 \ 093

第三章
写出对方必读的信件

01 | 为什么要先写信
　　突然打电话给企业高层有难度 \ 099
　　"信件攻势"让约见率提高10倍 \ 101
　　信件让你不必多费口舌就轻松约到客户 \ 104
　　放入信件、客户名单、公司简介和名片 \ 106

02 | 如何让企业高层看完信就想见你
　　写信要分成五段 \ 108
　　从经营管理的角度说明公司特色 \ 111
　　从财报快讯中寻找关注事项的关键字 \ 119
　　用一句话拉近彼此的距离 \ 122
　　最后一句话和署名一定要亲笔写 \ 124

03 | 让对方不自觉想看信的送信方式
　　邮寄或交由前台人员转交 \ 127
　　使用一般信封而非公司专用信封 \ 129
　　以墨水笔手写收件人姓名 \ 131
　　让对方更有反应的小巧思 \ 132

04 | 这样送,信件必达
　　清楚告知高层姓名 \ 134
　　亲自送信时,不要把信放入信封 \ 137
　　如果亲自送件,信就全部用手写 \ 139

第四章

成功用电话约到客户

01 | 如何从信件流程进入电话攻势

信件送达的两天内或亲自送件的隔天打电话 \ 147

最好的去电时间是对方刚到公司或傍晚 \ 150

一定要指明让目标客户接电话 \ 152

02 | 成功提高电话约见率的说话术

和对方秘书对话的诀窍 \ 154

面对企业高层的说话术 \ 156

和企业高层对话时的注意事项 \ 159

事先准备必杀说话术 \ 162

03 | 懂得乘胜追击和停顿

如果对方断然拒绝就放弃 \ 164

没接电话就表示拒绝 \ 167

遇到企业高层外出或开会，就继续跟单 \ 169

与秘书建立交情，抢得先机 \ 172

第五章

第一次见面就成功

01 | 事前的准备是成交与否的关键

请公司一级主管陪同拜访目标客户 \ 179

不便向主管开口时的做法 \ 183

拜访客户时的四大原则 \ 185

尽量积累拜访客户的经验 \ 189

02 | 第一次拜访客户该做的事

第一次拜访客户只需要做三件事 \ 191

可从信件内容切入正题 \ 193

不需讨论交易细节 \ 196

展现最真实的自己 \ 198

用礼貌博取好感 \ 200

趁访问结束，对方放松时提出问题 \ 201

第六章

利用企业高层的人际关系展开横向推销

01 | 第一次见面后该做的事
和主管一同寄送感谢函 \ 207
请对方帮忙介绍业务负责人 \ 209
顾及业务负责人的面子 \ 211

02 | 从企业高层开始横向推销
利用客户的人脉横向扩展业务 \ 214
学习企业高层感兴趣的事物 \ 216
把对方当成一辈子的客户来经营 \ 218
举办研讨会或球赛让企业高层齐聚一堂 \ 220

第一章

金牌业务员的 8 大思考模式

01 | 金牌业务员是这样思考的

● 不是"怎么卖",而是"卖给谁"

在介绍如何与关键决策者谈生意之前,要请大家先了解一件事,那就是无论是否用这个方法,所有的金牌业务员基本上都有一些共通之处。金牌业务员和业绩不理想业务员之间究竟有何不同呢?这和懂不懂得使用"交易关键人攻略法"有着密切的关系。接下来,我就从这里开始谈起。

第一个不同:金牌业务员会先思考东西是要"卖给谁",而业绩不理想业务员则会先去想该"怎么卖"。

业务员正确的做法,应该是将商品卖给想

> 金牌业务员会先思考东西是要"卖给谁"。

将商品卖给想买或者可能会买的客户。

买或者可能会买的客户。因为在这个时代，无论你怎么推销，不想买的人还是不会买。然而，业绩不理想业务员还是会向不想买的人推销自己的商品，就算用尽所有的方法，也要把东西卖出去。有些业务员甚至会出现不把东西卖出去就不甘心的心态。或许对他们来说，这是一种坚持的信念，但这种坚持的信念在长期达不到预期的效果后，迟早会化为乌有。应对的客户越多，就越浪费时间，更何况现在的客户有太多选择，面对不感兴趣的商品根本不屑一顾。

如果你置身于客户的角度，就应该能够明白这点。面对不感兴趣的商品或服务，无论业务员怎么推销，没兴趣就是没兴趣。

●建立让客户"口口相传"的机制

第二个不同是:<u>金牌业务员会想办法和已成交的客户保持良好的关系,让对方为他介绍新的客户;而业绩不理想业务员则只做一次性的买卖。</u>

每次都靠自己的力量寻找可能的客户容易,还是和客户一起寻找客户比较容易呢?答案不言自明。追求永续经营的业务员,会将服务客户视为毕生的职业准则。也就是说,只要完成一笔交易,他们就会为这名客户提供永续的服务。但是,业绩不理想的业务员在完成交易之后,就会觉得工作已经告一段落,而忘了必须继续追踪客户的需求。

追求永续经营的业务员,会将服务客户视为毕生的职业准则。

如何使对自家的产品或服务满意的客户愿意向周围的亲戚或朋友介绍产品呢?下面就介

绍一个简单而有效的方法：

第一，要找到对自家产品或服务满意的客户对象。显然越满意的客户越好，越满意的客户在口口相传时，越会带着强烈的感情色彩为你宣传。

第二，真诚地请求对方为你做口碑宣传。真诚表现在两个方面：你对客户的口碑宣传非常感激并在互相的沟通交流中展现出来；你对口碑宣传行为高度赞赏，告诉对方口碑宣传行为对你有多重要。

如果能让客户为你做好口碑宣传，你将得到意外的收获。这远远比你寻求新客户来得简单、有效且实在。

●对没指望的客户趁早放手

第三个不同是：金牌业务员对于没指望的客户会早早放手，而业绩不理想业务员则会紧咬不放。

是否能在第一时间判断出对方是否为潜在客户，是业务员非常重要的一项能力。越是追着没有意愿的客户团团转，越是浪费时间。

要学会放弃不太可能跟你签单的客户。金牌业务员会经常改变拜访客户的优先顺序，而业绩不理想业务员则是万年不变。

不开口询问对方当然永远不可能知道对方是否为潜在客户。然而，业绩不理想业务员拜访客户的顺序却始终维持不变。

相反的，金牌业务员因为客户众多，完全

> 是否能在第一时间判断出对方是否为潜在客户，是业务员非常重要的一项能力。

不在乎客户是否改变购买意愿。因为他们相信"这次不行,还有下一次",所以会根据状况,经常改变拜访客户的优先顺序。

● **不要让结果影响情绪，要分析原因**

第四个不同是：金牌业务员不会让情绪随着结果起伏，而业绩不理想业务员只要成交就会兴高采烈，失败就怪罪他人，不懂得自我反省。

金牌业务员越是失败，越要分析原因，一方面作为下次行动的参考，另一方面避免重蹈覆辙。业绩不理想业务员则不懂反省，不断重复同样的错误。

金牌业务员无论成功或失败，都会仔细分析原因，因此能够不断有生意上门。此外，大家在讨论成功的案例时，通常只注意成交的关键点，而金牌业务员则是每个过程都仔细分析。因为打动客户的不只是合约内容，谈判之后的跟进追踪有时也是成交与否的关键。金牌业务

越是失败，越要分析原因。

打动客户的不只是合约内容，谈判之后的跟进追踪有时也是成交与否的关键。

员将这些都加以分析,所以才能够掌握下一笔生意。

其实无论正面情绪还是负面情绪,都是好情绪,尤其是负面情绪。每个负面情绪都可以帮助我们判断工作中究竟是哪里出了问题。找到问题的根源,就可以更好地指导我们找到解决问题的方法。学会用情绪帮助自己诊断问题是很不错的方法。

我在订单成交后都会直截了当地询问客户:"为什么选择我们?"只有养成询问的习惯,才能够了解成交的原因。

●除了公司目标,还要另拟个人目标

第五个不同是:<u>金牌业务员是为了自己的目标而努力,业绩不理想业务员则是为了达成公司或上司制订的目标而奔波。</u>

金牌业务员的上司当然也会要求一定的业绩,但是金牌业务员还会额外要求自己必须达成自己特定的目标,例如:"每个月开发30位潜在客户"或是"每天拜访5位客户"。这是因为金牌业务员对未来有明确的规划和目标。

对未来要有明确的规划和目标。

我常要求被辅导的业务员,写出三项达成业绩目标之后,对个人而非公司的好处。这时,业绩不理想业务员不知为何,经常会无意识地着眼于公司规定的目标,写出一些短见的答案,例如:"对公司有所贡献"、"可加薪"或是"可提升业务能力"等。

而金牌业务员则是希望能够实现自我目标，因此答案大多着眼于个人未来的发展。例如："如果能够精通业务技巧，有助于个人创业"、"有助于将来成为公司的领导阶层"或是"可培养经营公司的能力，开启创业的可能性"。

也就是说，业绩不理想业务员只看得见眼前的目标，无法为将来规划明确的愿景。但是，金牌业务员则是朝着自己的目标推展业务。因此，他们总是为自己的目标，而不是为公司的目标而努力。

金牌业务员希望能够实现自我目标，着眼于个人未来的发展。

● 研究竞争对手的商品和服务

　　第六个不同就是：金牌业务员会研究竞争对手的商品和服务，而业绩不理想业务员会连自家的商品和服务都无法完全掌握。

　　由于客户有选择其他公司商品和服务的权利，想让客户购买自己的产品，就必须让他们确实了解自家产品优于其他公司产品的地方。否则我们是无法激发客户的购买欲的。

　　金牌业务员在告知客户自家商品和服务的优点时，也会确切告知其缺点，因为这样才能得到客户的信赖。例如，我就常被客户问道："森先生，你们家的产品就没有缺点吗？"有的业务员会问："我把自家产品的缺点说出来会不会被骂？"但我认为正是这种诚实面对客户的做法才更容易抓住客户的心。我之所以敢这么说，是因为我有自信可以掌握客户的购买意愿。

金牌业务员在告知客户自家商品和服务的优点时，也会确切告知其缺点。

● 成为客户的顾问，而非听命于客户

第七个不同是：金牌业务员能够掌控客户，而业绩不理想业务员只能听命于客户。

业务员必须知道，如果盲目地同意降价，就算签约也无法获得实质性的利益。

你是不是曾经因为客户坚持杀价而不得不屈服呢？然而，一旦同意降价，不仅无法为你带来下一笔生意，反而只会徒增麻烦。

最近我听说有位业务员以200万日元的价格卖出一笔价值400万日元的系统。据说是因为业绩始终不理想，他急着做出业绩，才会接受客户的无理要求。流血降价，加上交货时间晚了两个星期，使这笔交易额外多出100万日元的费用，导致公司损失高达300万日元。

这就是无法说"不"的业务员必须承担的后果。

> 盲目地同意降价，就算签约也无法获得实质性的利益。

● 把一天分成五个区块，填满行程

　　第八个不同就是：金牌业务员的行程非常充实，而业绩不理想业务员很容易浪费时间。

　　以约客户见面为例，金牌业务员会规划最便捷的行程；业绩不理想业务员则经常浪费时间赶场，不仅使拜访客户的数量变少，也无法有效利用时间。

　　我通常会要求新进的业务员将一天分成五个区块，通过良好的规划来填满行程。大家不要误会，我并不是要大家在每个区块中都约客户见面，而是要养成计划好每段时间该做什么事的习惯。例如："制作资料"或"开会"是非常重要的事。

　　我之所以要求他们这么做，是因为业绩不理想业务员完全无法管理自己的行程，才会浪

将一天分成五个区块，通过良好的规划来填满。

费时间、虚度光阴,无法掌握工作的轻重缓急。

业务员需要约客户见面,也需要坐下来好好思考,所以只要自己知道这段时间该做什么就可以了。一旦养成填满时间的习惯,就能够有效利用时间。

> "交易关键人攻略法"需要具备金牌业务员的8大思考模式。

以上8项就是金牌业务员和业绩不理想业务员之间的差别,各位可以试着以此检视自己做业务的风格。我为什么要在说明"交易关键人攻略法"之前,先说明这8大思考问题呢?这是因为要善用"交易关键人攻略法"需要具备金牌业务员的8大思考模式。

在经济不景气的当下,业务员的工作可以说是越来越难做,我身边就有许多业务员正陷入苦战中。

但别忘了,即使经济不景气,也还是有人可以成为金牌业务员。

以上即是不被经济不景气影响的金牌业务员的过人之处。

金牌业务员的 8 大思考模式

1 东西要卖给谁
花较多时间在有利可图的市场和客户身上。

2 寻找横向推销的机会
寻找能够在谈成一件生意后,又介绍新客户上门的客户。

3 立刻放弃不可能谈成的生意
尽早确定对方的购买意愿。

4 无论交易的结果如何,都要分析原因
经常分析交易成功或失败的原因,可为下一次交易提供对策。

5 设定自己的行动目标
自己决定自己的目标,而不是完全根据公司或上司的指示去做事。

6 研究竞争对手的商品和服务
在告知客户自己公司的商品和服务的优点时,也必须如实告知其缺点。

7 不对客户唯命是从
面对客户的要求,必须切实掌握自己的底线。

8 不浪费时间
要经常思考如何有效利用有限的时间。

02 | 为什么要使用"交易关键人攻略法"

● "交易关键人"是谁

在介绍具体的方法前,我必须先说明我所谓的"交易关键人攻略法"中的"关键人"是什么。

提到交易关键人,大家可能最先想到的是公司的董事长或社长。但是我的"交易关键人攻略法"中的"关键人"指的是"在负责你所销售的商品或服务的部门中,拥有最后决定权的人",和一般我们所说的"部门负责人"或"主管"是不一样的。

举例来说,销售人事制度的公司虽然应

"关键人"指的是"在负责你所销售的商品或服务的部门中,拥有最后决定权的人"。

该接触的客户对象是"负责行政管理的人资主管",但如果人资部直属社长管理决策,那么交易关键人就是"社长";如果直属总经理管理,交易关键人就是"总经理",而非"人事经理"。因为人事经理还是必须以书面形式请示能做最终决定的管理高层,其拥有的决定权和能动用的预算都很有限。

由于业务员应该接触的客户对象会因为客户公司的状况不同和你要销售的商品与服务不同而有所不同,因此,我将业务员应该接触的客户称为拥有"最后决策权"的"交易关键人"。

此外,有人经常问我"交易关键人攻略法"是否仅限于用来"开发以公司为对象的新客户"。虽然"交易关键人攻略法"最适合用来开发新客户,但也适用于经营稳定的既有客户,保持和既有客户之间的往来。

如果是以个人为主要客户的业务员,也可以将"交易关键人攻略法"中的"关键人",置换为想要购买服务或商品的"个人"。

无论是公司还是个人,"卖给谁"才是重点。尤其是股票、保险、房屋和汽车这些以个人为销售对象的高单价商品,说服在企业有决策权的高层管理人士往往才是成交的最佳捷径。

> 虽然"交易关键人攻略法"最适合用来开发新客户,但也适用于经营稳定的既有客户。

> 无论是公司还是个人,"卖给谁"才是重点。

●部门负责人的决定权越来越小

"负责采购的人虽然对产品的反应不错,但是在请示高层主管时却遭到否决。"或是"虽然已经和采购负责人讨论采购相关事宜,对方却突然取消交易"。最近你的身边是不是经常出现类似的情形?这是因为现在经济形势低迷,即使是以往业绩成功率高达200%或300%的金牌业务员,现在也都陷入苦战中。

更惨的是,原本业绩就不理想的业务员,甚至会因为顾客的反应不佳,在原本应该走出公司拜访客户的时候,却直奔咖啡厅或游乐场打发时间。

他们往往会找理由说"因为经济不景气,所以找不到新客户了",或是"原有的客户都在削减预算,无论是提交企划书或解决方案现

在都无法打动客户,和客户之间的往来也越来越少"。总之,找的都是些客观理由。

的确,现在有不少公司都在缩减预算,但只要公司仍持续运作,就不至于完全不提预算采购。

或许有人会反驳我说,大部分公司的一线负责人都会告诉业务员:"我们公司现在没有预算。"但是,一线负责人在公司里究竟有多大的影响力呢?他们说的确实没错,不过这是因为有越来越多的第一线负责人手中掌握的预算缩水了。

有越来越多的第一线负责人,手中掌握的预算缩水了。

就拿你所在的公司来说,最近你向上司请示或申请某些费用时,是不是越来越难获得批准了?而审核经费或交际费的标准是不是也越来越严格?你的客户当然也会有类似的情形。

随着公司整体预算的缩减,或结算的标准越来越严格,决定权就会向上转移到企业高层手中。

决定权向上转移到企业高层手中。

以往1000万日元的预算可以由课长决定,现在很可能变成必须由部长决定才行。在这样的情况下,即使你向一家公司的课长提出1000万日元的企划书,也无法判断是否能够成交。

因为有很多时候采购负责人的反应不错，却在请示上级后遭到否决。

业务负责人能够掌握的预算一旦缩减，不少人的做法就会变得保守，而业务也会跟着越来越难以推展。

如果课长能够掌控的预算，从原来的1000万日元缩减到500万日元的话，大部分的人都会只想做500万日元以内的事。也就是说，即使他们知道花1000万日元能够买进性能更好的系统，他们还是会想办法将预算控制在自己能够掌控的500万日元之内。很少有课长会想向上级争取购买1000万日元的系统。

> **经济越不景气，管理阶层的态度就越保守。**

经济越不景气，管理阶层的态度就越保守。因为如果能够控制预算，就能够得到上司的赏识，所以他们的态度必然会越发谨慎。然而，无论决定权如何上移，经济情况如何不景气，握有决定权的人始终都是企业的老总或高层管理者。如果是这样的话，一开始就找握有决定权的人谈生意，不是更有效率吗？

> **握有决定权的人始终都是企业的老总或高层管理者。**

决定权向上转移

"以前"采购负责人可运用1000万日元的预算

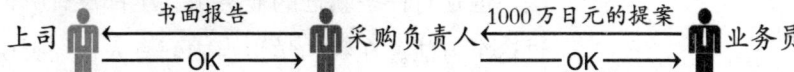

业务员提出1000万日元的提案,因为采购负责人就能决定,所以业务员只要观察采购负责人的反应,就能预测是否能够成交。

"现在"采购负责人的预算决定权缩减为500万日元

情况A:成交

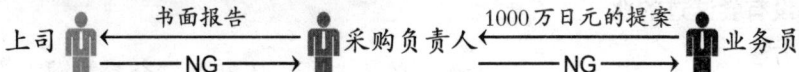

当业务员提出1000万日元的提案时,采购负责人以书面报告请示上司,并将结果告诉业务员,因此无法根据采购负责人的反应预测是否能够成交。

情况B:无法成交

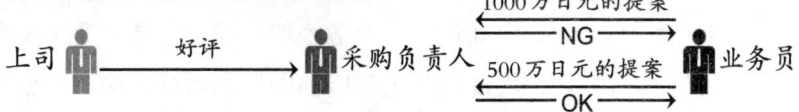

当业务员提出1000万日元的提案时,采购负责人便以书面报告请示上司,但是未获得同意,接着他将结果告知业务员。有时即便采购负责人的反应良好,也可能无法成交。

情况C:缩减预算后再次提案

采购负责人要求业务员将预算控制在自己能够决定的范围内,让业务员同意缩减预算后再进行提案,因而获得上司的好评。

→ 经济不景气,情况B或C的例子越来越多

●没有黄金好习惯就会受制于经济状况

"交易关键人攻略法"虽然是很有效的方法，但是有许多新进的业务员甚至都没有听说过这个方法。在我的学生当中，有人曾经听说过这个方法，却不曾实际操作过，甚至还误以为这是指"企业的高层与高层之间的交易"或是"企业的老总们聚在一起开会讨论生意"。

大部分的人之所以不知道"交易关键人攻略法"，是因为多数的业务经理都会告诉下属，"拜访的客户越多，业绩提升的速度就越快"，而不少人确实也因此做出了好成绩。

即使这些业务经理发现"交易关键人攻略法"的确是突破眼前困境的最好方法，但也不会告诉下属自己没有尝试过的方法。这就是为什么大部分的业务经理和业务员都不曾用"交

> 大部分业务经理不会告诉下属自己没有尝试过的业务方法。

易关键人攻略法",而且也不想用。

其次是,即使许多业务员都听说过,也知道"交易关键人攻略法"这个方法,但往往会因为觉得"和企业高层谈生意很可怕",或是认为"怎么可能约到企业高层"、"可以无视部门负责人,直接接触企业高层吗",因而对这个方法敬而远之。

在经济状况比较好的时候,业务员不用"交易关键人攻略法",直接接触相关的部门负责人,就能够做出像样的业绩。像我刚入行时,只要学会谈判、沟通和签约等技巧,再加上努力跑业务,多半就能达成公司规定的业绩目标。

然而,在经济衰退的时代,就算勤于拜访有决定权的部门负责人,也不见得会有好结果。就算你推出各种优惠方案,拿出超级业务员的看家本领,和客户相谈甚欢,也不见得能够成交。

总之,现在大多数的业务员和业务经理都正深陷苦战。

> 经济不景气,大多数的业务员和业务经理都正深陷苦战。

● "大海捞针"地培养潜在客户是不可能的

> 在经济不景气时，没有效率的业务方法，很容易导致业绩的恶性循环。

以往大多数的业务经理使用的方法，正是多数业务员学到的那一套方法，也就是培养潜在客户。

这种方法主要是靠着登门拜访、打电话、发传真、"乱枪打鸟"拜访客户、召开研讨会，以及邮寄宣传小册子或电邮杂志等方法，也就是说从各种渠道开发客户，让对方成为潜在客户，之后再通过不断地联系，让对方成为自己的客户。我在富士全录工作的前几年，就是用这种方法跑业务的。

虽然这种方法成交的可能性很低，很没有效率，但是在经济景气的时候，这样还是能够做出业绩的，因此，也还算是及格的业务方法。只是，在经济不景气之后，东西越来越难卖出

去，这种没有效率的做法，就很容易导致业绩的恶性循环。

例如，上司会要求业绩不佳的业务员比以往更勤于拜访客户，不是质疑他们"是不是找客户找得不够勤"，就是指责他们"有时间聊天，还不赶快打电话给客户"。

但问题是，无论你怎么拜访没有预算的公司，或是没有决定权的采购负责人，都不会有结果。无论你怎么增加拜访客户的次数，或是提高拜访每家公司的频率，都无法让你的业绩有起色。

徒劳无功不仅影响你的工作意愿，没有成绩的工作也会大大耗费你的精力和体力。这种状况持续一段时间之后，许多人就会开始怀疑主管的方法或对自己失去信心，甚至因为厌恶跑业务而患忧郁症。更有不少人最后选择离职。尤其是在经济不景气的时候，更容易发生这些情形。

"交易关键人攻略法"其实非常简单，可以准确找到潜在客户，谈妥生意。和前面提到的方法相比，其不同之处在于，不需要如大海捞针般地从众多的可能性当中寻找潜在客户。

因为如果需要接触的客户数量减少，成交

> 无论你怎么拜访没有预算的公司，或是没有决定权的采购负责人，都不会有结果。

的比率和业务效率就会跟着提高；再加上因为接触的对象握有决定权，有权动用大笔资金，让成交的可能性大大提高，同时必然也会直接影响到成交金额的高低。

  在经济状况好的时候，无论用什么方法都可以做出业绩，但在经济不景气的时候，还能够做出耀眼业绩的就只剩"交易关键人攻略法"了。哪一种方法更有效率，不用说，我想大家应该都知道。

● 约见企业高层是重点

相信许多人一听到要和企业高层约时间见面，就会觉得不可能，然后合上这本书，但是我衷心希望大家继续看下去。

事实上，使用"交易关键人攻略法"最需要做的工作就是约客户见面。你甚至只需要负责约见客户就可以了。谈生意的部分就交给上司去做，这就是"交易关键人攻略法"最重要的精神。

你的公司里面应该有值得信赖的业务经理、总经理或社长。和客户约定时间之后，只要请他们陪你一起去谈生意就行了。

我相信就算是业绩优秀的业务员，一听到要和企业高层谈生意，也会退避三舍，更何况是新手业务员，多半都会觉得非常棘手。不过，你大可放心，一旦和对方的管理高层约好

> 使用"交易关键人攻略法"最需要做的工作就是约客户见面。

时间，大部分的主管都会愿意配合你采取下一步的行动。

业务主管一旦知道你约好管理高层的客户，通常就会立刻联络上面的领导。而且，如果约到的对象是上市企业或前景很好的企业高层，公司的高层领导一定会出马洽谈这笔生意。如果你约到的是公司第一次接触的大企业，就算公司高层需要取消预订行程，我想他们也会排除万难和对方见面的。

只要你能约好客户，其他的就放心交给公司高层处理。

如果你能负责谈生意，当然最好。但是，我建议，不妨先把约客户当做是你现阶段最重要的工作。许多新手业务员都是在我告诉他们"只要专心约客户，约定之后，自然会有人陪同你前往拜访、洽谈生意"之后，他们才放心听我解释"交易关键人攻略法"的细节。而且在我说明如何打电话约客户之后，他们各个都充满斗志，跃跃欲试。因为本书介绍的"交易关键人攻略法"，无论是谁都能够轻松上手。

● 打动企业高层需要特制的方法

在详细介绍"交易关键人攻略法"之前，我先简单说明一下这个方法的操作顺序。

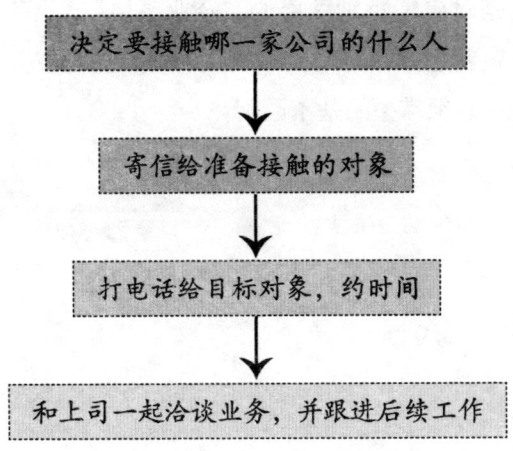

写出让企业高层管理者愿意见你的信件，打一通让他们对你的提案有兴趣的电话，安排适当的人选陪同你洽谈这笔生意。

简单地说，要成功打动企业高层，其实不需要任何创造力或逻辑思考力，也不需要过高的说话技巧或过人的胆量。能写出让企业高层管理者愿意见你的信件，以及打一通让他们对你的提案有兴趣的电话，并且安排适当的人选陪同你洽谈这笔生意，这些抓住人心的方法才是金牌业务员成功的第一步。

我知道现在应该有不少人从来没有写过或收过"手写信"。其实一般人收到手写信，都会想要打开来看看。如果你的措辞恭敬有礼，对方自然会对你心生好感，而且光是礼貌周到这点就能给你加分不少。

大家务必记得"交易关键人攻略法"的对象是对事情特别敏感的"企业高层"。业务员一定要想办法打动企业高层的心，这是优秀业务员必须掌握的基本原则。

"交易关键人攻略法"操作顺序

1 寻找、锁定对象
利用网络、公司内部记录、商业杂志、专业报纸或专业杂志等途径,锁定具体对象。

2 寄出信件
将客户清单和公司简介寄给锁定的目标对象,可用邮寄的方式也可以亲自送件。

3 以电话约定见面的时间
在对方收到信件之后,打电话约定见面时间。基本上最佳的时机是邮件送抵后的两天内,如果是亲自送件,则是隔天。

4 拜访约定好的目标对象
拜访约定好的目标对象,可以请公司高层或上司陪同前往,并由他们负责洽谈生意。

5 跟进办理拜访客户后的各项事宜
结束拜访后,与上司一同写感谢函,并与对方转介的业务负责人讨论交易的具体事宜。

第一章重点整理

◎ 成为金牌业务员必须具备8大思考模式。

◎ "交易关键人"是指拥有最后决定权的人。

◎ 在经济不景气时,决定权会向上转移。

◎ 利用"交易关键人攻略法"可以提高成交的比例和金额。

◎ 使用"交易关键人攻略法"只需要约客户见面,洽谈生意的事可交给上司。

◎ "交易关键人攻略法"最重要的精髓是掌握人心。

第二章

在办公室内轻易锁定目标

01 | 谁才是你的目标

● 能否拿单全看你说服的人是谁

在进一步说明之前,请各位先看下面的公式:

> 业务＝行销＋锁定目标对象＋推销

这是我根据以往的经验写出的业务成功方程式。遗憾的是,大部分的业务员除了推销之外,都忘了这前面的第一项和第二项。

我们经常听到业务员说:"随便哪一家都行,先敲门进去再说。"这就属于单纯的推销。在没有事先的行销和锁定目标对象的情况下,这种做法的成功率可以说是非常低的。大部分人之所以不喜欢从事业务工作，应该就是因为许多公司都只注重推销。

问题是，这类没有效率的业务员和业务组织并不少见。我想各位的公司应该都有设定行销对象，例如："以员工人数100人以下的中小企业为对象"、"以总公司在首都的企业为对象"、"锁定大楼林立的办公楼"或是"锁定特定业界"。

> "粗略的行销计划"现在已经行不通了。

但是，这种"粗略的行销计划"现在已经行不通了。举例来说，如果你的公司卖的是"对新进员工和储备干部设计的研习课程"，你们将目标锁定在"员工人数少于100人的中小企业"。然而，当你找上门去，A公司却告诉你："我们公司今年没有录取新进员工。"B公司则说："我们虽然有新进员工，但今年不准备规划新进人员的研习课程。"C公司甚至表示："我们新进人员的研习课程将交由集团内部人员办理。"

如果能提早知道这些消息还好，但如果没有，花在A、B、C三家公司上的时间就等于被白白浪费了。导致这种结果的原因就在于行销计划太草率，认为拜访客户数量越多越好。

光是过滤哪些公司有"录取新进员工"这个行为，就可以少跑一趟A公司。在经济多元化的时代，粗略的行销计划已经行不通了。因为经济越不景气，这种毫无目标的业务方法越会浪费有限的资源。

此外，各位针对目标对象，到底锁定到什么程度呢？

我想大多数的业务员都无法锁定目标对象。举例来说，在开发新客户时，多数公司顶多只是锁定要接触哪一类公司，并没有具体列举出公司的名称。或许有些公司会根据行销计划制作客户名单。如果公司领导列了10家公司，一般业务员大概就会按照顺序从上到下逐一打电话。打电话时，也应该是没有指定特定的洽谈对象，而是要求负责相关业务的人接电话。

请各位换位思考，如果被找来接电话的人是你，你会比较乐意接受对你的公司和你这个负责人进行过仔细调查、研究过的业务员，还是对你一无所知的业务员呢？当然是前者。

使用"交易关键人攻略法"，一开始必须先决定要接触哪一家公司以及该公司的什么人。也就是说，一开始必须要有完整的行销计

> 必须要有完整的行销计划，并且锁定目标对象。

划,并且锁定目标对象。我想很少有业务员同时做好上述三项工作(行销+锁定目标对象+推销),所以"交易关键人攻略法"的效果可以说是非常值得大家期待的。

● **将目标对象锁定为上市企业的高层**

那么,我们到底应该接触什么样的公司呢?我的答案是将目标锁定为上市企业的管理高层。

每当我的话才说到这里,来听我讲课的业务员就会异口同声地问:"范围这么小,怎么做生意?"或是表示:"光是见一般公司的高层就够紧张了,更何况是上市企业的高层。"

我不会说他们的担心是没有必要的,但我之所以坚持锁定上市企业有以下三个原因:

（1）**上市企业有庞大的预算**

例如,丰田汽车的营业额都在 9 兆日元以上（截至2009年3月）。几乎所有的上市企业的营业规模都比未上市的中小企业的要大,所以也都会编列预算。

预算虽然重要，但重要的是企业本身的实力。举例来说，大家应该都听说过未上市的中小企业客户因为资金调度困难而延迟付款，或是要求减少付款金额的情况吧？倒霉一点的公司，甚至还会遇到客户破产，收不到钱的情况。

上市企业遭遇破产的可能性比较低。

但是，上市企业类似的风险就比较低。由于必须公开财报，就算企业有运营问题，也比较容易掌握。此外，和上市企业只要成交过一次业务，就可能维持长期合作。而且，除了相关部门，还可以将业务拓展至该企业的其他部门，甚至是集团内的关系企业。

虽然稳定供应品质优良的产品或服务是第一要务，但是考量客户的预算金额，上市企业绝对是值得你全力以赴的对象。

(2) 公开资讯较多

《孙子兵法》中说："知己知彼，百战不殆。"意思就是说，要了解自己，也要了解对手。有了这些资讯后，就算要对战一百次，也不容易吃败仗。

商场如战场，做生意就像一场战争，不知

道各位有没有发现,就了解对手而言,没有比上市企业更容易被掌握的了。因为上市企业必须面对股票上市的社会责任和义务,所以得公开所有的运营资讯。

关于上市企业的资讯,只要到书店找到所有相关的《公司报刊》和《董事报刊》就可以了。

那么,非上市的中小企业情况又是如何呢?非上市企业当然有非上市企业的简介,但是要取得其他资讯却是难度很大了。无论是要挑战或合作,都没有比上市企业更轻松容易的了。所以,我认为从这个角度来看,锁定上市企业能大大提高成交胜算。

(3) 拒绝的方式很客气

使用我这套方法的年轻业务员,就算业务进行得不顺利,也几乎没有一个人会遇到新手业务员常遇到的情况,例如"因为那天太紧张,所以把事情搞砸了"或是"被人拒绝真难受"。

虽然说被拒绝是业务员经常遇到的状况,但是以我的经验来说,上市企业拒绝的方式比其他企业客气多了,在电话中的应对往往也是

锁定上市企业能大大提高成交胜算。

上市企业的高层有"社会责任"的观念,不太可能失礼。

礼尚往来，不太可能听到出言不逊或不耐烦的言辞。

曾经做电话行销的人，在用过我的这个方法后，往往会立刻发现其中的不同。因为上市企业的高层有"社会责任"的观念，不太可能失礼。

优先锁定上市企业的理由

■ 上市企业和未上市企业的差别

	上市企业	未上市企业
预算	即使经济衰退,也只会小幅缩减预算	经济衰退便大幅缩减预算,有些部门甚至没有预算
企业体制	由于有金融机构和政府视情况给予支援,所以不会轻易倒闭	由于金融机构可能随时抽银根,公司可能有突然倒闭的风险
财务状况	公开财务状况	由于没有公开财务状况的义务,所以无法了解其财务状况
董事资讯	商业杂志、专业杂志或电视都会报道相关事件	无论好坏,如果不是重大事件就不会被报道

02 | 在办公室开发潜在客户

● 利用公司关键字检索潜在客户

我想各位应该知道要锁定上市企业,可能会出现这样的疑问:"光是上市企业就有上千家,再加上以往只跟中小企业打交道,真不知道该如何下手?"

这句话虽然是事实,但其实只要一台电脑就可以轻松解决这个问题。大家可以利用网络,在搜索网页上输入以下的关键字:

"××年3月财报快讯+自家公司的关键字"

"××年3月财报快讯"指的是企业在3月公开的财报快讯。因为大多数的日本企业都是在每年3月公布财报快讯,所以输入"3月"就可以将大多数的企业纳入搜索范围内(有的企业并不是在3月结算,可参考后面其他的方法)。

此外,关于"自家公司的关键字",如果你们公司的营业项目为人力服务,就输入"人力";如果是与环境业务有关,就输入"环境"。即输入与公司业务内容有关的关键字(关于公司关键字的部分以下还有更详细的说明),而页面上出现的搜索结果,就是你应该锁定的上市企业。

利用"财报快讯"锁定目标客户。

你或许会觉得:"这样子就行了吗?"确实光靠这个小的行动,就能够让你在很短的时间内从上千家的上市企业中锁定你应该拜访的企业。这么简单也许会让很多人觉得不可置信,但是第一阶段,锁定目标客户的工作其实就这么简单。

这就是"交易关键人攻略法"的第一步。相比按门铃推销和电话推销,"交易关键人攻略法"之所以能够大幅提升成交率,靠的就是利用财报快讯锁定目标客户。

●只读财报快讯中"企业面对的问题"

我想应该有不少人不知道前面提到的"财报快讯"这个资讯。所谓的财报快讯,指的是上市企业在出版季报时,整理出的财报文件。这对读过经济学的人或是上市企业的管理阶层虽然是常识,但据我所知,还是有不少新手业务员没听说过。这并没有什么好丢脸的,因为不知道这个资讯管道的业务经理也是大有人在的。而且,如果你看过实际的财报快讯,就会知道外行人其实是很难读懂所有内容的。

财报快讯虽然是搜索潜在客户的关键,但也无须完全了解锁定企业的财务状况。事实上,只需要阅读财报快讯中的"企业面对的问题"就足够了。

格式固定的财报快讯中,最后一定有一页是"经营方针"。请各位注意其中的"企业面

无须完全了解锁定企业的财务状况。

对的问题"这一项。因为只有其中载明的内容和"自家公司的关键字"相互关联,这家公司才会成为你在网站上搜索到的对象。也就是说,被锁定的上市企业,是对你的商品和服务有潜在需求的企业。

"企业面对的问题"也可以运用在接下来要写给交易关键人的书信中。一定要记住这里出现的"企业面对的问题",因为这也是目标对象的企业高层关注的焦点。

注意"企业面对的问题"这一项。

有时在财报快讯的页面中会找不到"经营方针"这一项,这就表示这家企业不是在3月公开财报快讯。这时可以链接到该企业的网站,从企业概要中确定财报快讯公开的月份,之后再改变设定的时间,以"×年×月财报快讯×企业+自家公司的关键字"进行搜索。

被锁定的上市企业,是对你的商品和服务有潜在需求的企业。

第二章 在办公室内轻易锁定目标

财报快讯和企业应该面对的问题的例子

■ 财报快讯

1. ×××
2. ×××
3. 经营方针
   （1）企业经营的基本方针

   （2）企业中长期的经营策略，以及作为目标的经营指标。

   （3）企业面对的问题

   （4）企业经营的其他重要事项

■ "企业面对的问题"的例子

由于全球的金融危机日益严重，企业产品产量锐减，再加上经济市场变化加剧等诸多风险，本集团预估国内外经济短时间内将持续恶化。

面对如此严峻的环境，本集团在有效应对快速变化的经营环境的同时，也将强化集团内的合作关系，以期提高顾客满意度和经营效率。

积极开发新领域

由于近来市场动向发生变化，客户要求逐渐提高且呈现多样化。本集团顺应时代潮流，将以强化服务为目标，对于以往未开发的领域，计划利用并购的方式扩大事业板块，以期提高客户的满意度。

● 从经营管理的角度选择"公司的关键字"

虽然只是机械性地输入"××年3月财报资讯"等关键字，但是在选择"自家公司的关键字"时，还是必须考量自家公司商品和服务的特色。

举例说明，如果是人力资源管理公司，可在"××年3月财报快讯"之后，按下空格键，再输入关键字"人力"。要提醒大家，"自家公司的关键字"是这个搜索方法的一大重点。要特别注意的是，必须从经营者的角度，选择自家公司的关键字。

因为经营者的角度和各部门的主管、经理以及业务负责人的角度不同，不同职位的人在乎的事情也不同。

举例来说，如果各位是新进的业务员，最关心的往往是如何达成自己的业绩目标；如果

必须从经营管理者的角度，选择自家公司的关键字。

是部门主管或经理级人员，考量的应该是如何带领小组或部门达成业绩目标；如果是经营者的话，考量的事情就不只是这些了，除了整个企业的业绩外，还必须注意财务、商品开发和人才管理等所有问题。也就是说，<u>每个阶层有每个阶层关注的问题，在选择关键字时，必须考虑锁定目标对象的角色。</u>

一般来说，如果是经营者，可以选择与经营管理策略有关的关键字。如果是部门主管以下的人员，则可以选择策略性的关键字。但由于"交易关键人攻略法"锁定的对象，是企业的经营者、董事或经理以上的一级主管，因此必须选择与经营管理有关的关键字。

我曾要求我辅导的IT公司业务员，写出"公司关键字"，他们的答案多半都是下面这些内容：

成长扩大、密码化、解决方案、成立新部门、IT策略、ERP、云端化、CRM、虚拟化、个人资料保护、业务改善、内部控制、削减预算等。

这些全都是IT公司才会出现的关键字，因为大家可以想到什么写什么，所以在这个阶段还不会出现问题。但是，如果要选出最恰当的关键字，就必须将这些关键字整理成一个体系。我通常会请大家将这些关键字依照以下的标准分类：

1. 经营者会注意的关键字
2. 部门主管或经理阶层会注意的关键字
3. 第一线工作人员会注意的关键字

这么一来，前面出现的关键字就可以被分为以下三大类：

1. 成长扩大、成立新部门、IT策略、个人资料保护、内部控制、削减预算
2. 解决方案、ERP、CRM、业务改善
3. 密码化、云端化、虚拟化

在"交易关键人攻略法"中，用来搜索的关键字应该是第一类经营者会注意的关键字。财报快讯中所提示的企业问题，就是经营问题。

由于这一点关系到是否能找对客户，所以我必须反复提醒大家，输入经营者会注意的关键字，比较容易找到有需求的企业。

说到"经营者"，或许有人会觉得难度很大。为了准确掌握关键字，我通常会要求新进业务员阅读以经营角度写的财经企业书籍。如果是人力派遣公司，其实只要链接到网络书店，并输入"人力派遣"；如果是资讯系统公司就输入"经管IT"。以此进行检索，就会出现许多有关经营管理的书籍，大家可以先找出其中一本来阅读。

无论是哪一本书都没有关系，而且不需要读太多，就算看不懂所有内容也无所谓。这么做的目的，只是为了了解从经营角度所写的书，通常会出现什么样的关键字。当你找到合适的关键字，就可以准确锁定合适的企业。

做这些功课的目的，都只是为了找出关键字。能够了解书中的全部内容当然最好，但其实不需要花太多的时间在阅读这些书籍上。

如何寻找属于自家公司的关键字

■ 从经营的角度轻松找出"自家公司的关键字"

1 利用网络书店找出以经营角度所写的相关书籍

在网络书店输入"经营+自己的业界",寻找以经营角度所写的书籍。

2 从网络书店或实体书店买书

如果找到合适的书,立刻购买。

3 阅读该书

买书的目的是为了寻找关键字,不需要精读。就算不了解内容也没关系,只需先把整本书大致看一遍。

4 从书中寻找关键字

因为是以经营角度所写的书,所以可以找到关键字。

03 进一步锁定有成交希望的公司

● 以"赚不赚钱"为选取标准

用财报快讯和以自家公司的关键字搜索上市企业,就能够找到符合自己公司业务目标的企业。但问题是,找到的企业数量很可能非常庞大,这时候该如何进一步锁定与筛选呢?

要进一步锁定目标客户,可以以企业是否赚钱为标准。无论运营状况如何,企业都必须公布财报。也就是说,搜索的结果当中,也可能出现业绩不佳的公司。虽然上市企业不会因为一年的财报不佳就倒闭,但是,为了提高交易成功的比率,建议大家还是锁定赚钱的企业比较好。

要锁定赚钱的企业，建议大家可以上财经网站。很多上市企业的相关资讯在网站上都是可以找到的，所以上网可以轻松找出年营业额纯增长的企业。接下来只要将财报快讯和财经网站的搜索结果互相对照，找出两者都出现的企业，就能找出有潜力的客户。

这就是"交易关键人攻略法"的标准程序。我的想法是"反正签不下合约，不如在公司内拟定行销计划和锁定目标客户"。

业务员出了公司，无论是去推销、到处找客户，或是在咖啡厅消磨时间，都不会有人知道。其实，与其因为签不下合约而去咖啡厅打混摸鱼，还不如让上司看见了抱怨两句，留在公司，根据这套"交易关键人攻略法"好好拟定行销计划和锁定目标客户，更能够提高成交的可能性。

多数业务经理可能会让业务员不要待在公司，出去拜访客户。但是你大可以把自己的计划让业务经理看看，我相信只要有成果，上司的态度一定会跟着改变。

当然，我不是要你一直待在公司，因为利用财报快讯或搜索目标客户，只要一天就够了。

利用财报快讯或搜索目标客户，只要一天就够了。

此外，请各位也不要忘记，上述的工作都只是推展业务的前期准备工作。

我在向新手业务员说明这些技巧之后，通常会让他们实际利用网络锁定目标客户，但常有人会因为乐在其中而忘了业务员的基本工作，那就是"出门去拜访客户"。

尤其是接下来要介绍的调查目标客户，有些人会在开始调查后沉迷其中而忘了拜访客户，误以为自己的工作是调查目标客户，所以请大家一定要特别注意。

●利用公司过去的业绩也可锁定目标客户

除了财报快讯和财经网站之外,还有其他可以找出目标客户的方法。

第一个办法是利用自家公司以前的业绩来锁定目标客户。

只要不是新成立的公司,一般公司内部都会保留过去和客户交易的记录。接下来就是教大家如何利用这份记录找出客户。

事实上,从过去或现有客户所在的业界下手,也是找出潜在客户的好方法。

举例来说,如果你的公司曾经和大型的食品厂商交易过,就可以先查询"食品业界"。在"食品业界"查询销售业绩比较好的企业,特别要注意排名前几位的大企业。

一般来说,几乎所有企业都对业界其他企业的动向非常感兴趣。如果你的公司在业界有

> 从过去或现有客户所在的业界下手,也是找出潜在客户的好方法。

不错的成绩，其他公司通常会对于客户为何使用你们公司的产品或服务感到好奇。因此如果从这点下手，极可能从中创造出交易的机会。

第二个办法则是通过与客户有关的团体锁定目标客户，而且无论是什么样的团体都无所谓。

举例来说，如果你的客户曾加入"食品服务协会"，便可以从该协会的会员企业中寻找上市企业。根据我的经验，通常至少会找到好几家企业。

通过与客户有关的团体锁定目标客户。

在接触这些企业时，如果先向对方表示自己的公司和"食品服务协会"的会员企业也有来往，通常就能降低直接被拒绝的可能性。这是因为只要能够攀上一点关系，这种团体认同就会让对方觉得有亲切感。后面我也将会介绍其他利用关系锁定目标客户的方法。

第三个方法是从曾经往来的企业中寻找该集团中的其他企业，也就是检视和你们公司交易过的企业是否隶属于某个集团。

根据我的经验，虽然从位居业界龙头地位的企业下手，会是比较有效率的业务开发方式。但如果是隶属同一个集团，就可以不用那么在乎企业的地位。因为在接触客户时，只要告知对方："贵集团××企业也和我们有来往。"对方就会倍感亲切。而且，如果是有强烈归属感或连带感的集团，则不仅能够成功约见企业高层，甚至还可以轻松完成交易。

第四个方法就是通过曾经往来过的企业的资本关系来锁定目标客户。

如果仔细分析曾经和你们公司交易过的企业股东结构，应该会发现他们的股东有好几家企业，可能有些也是上市企业。针对这样的企业，在接待时只要表示"我们和投资企业的××企业也有来往"，或是"我们和贵企业的母企业曾经合作过"，通常就不会被断然拒绝。

通过出资关系寻找目标客户时，可以利用之前提到的财经网站。

如果曾经有往来的企业是股票上市的大企业，出资投资的企业就会非常多。只要在该企业的网页中输入"股东结构"，然后查询"持有股份"，就会出现出资公司的一览表。顺带提一下，成交比例最高的往往是担任这家企业主要股东的企业。

但是，通过出资关系寻找目标客户也会有

从曾经往来的企业中寻找该集团中的其他企业，也就是检视和你们公司交易过的企业是否隶属于某个集团。

通过曾经往来过的企业的资本关系来锁定目标客户。

盲点，那就是容易遗漏个人股东。因为大企业的高层或董事，有时会以个人的名义担任企业股东。这种个人股东很容易被忽略，但这时可以在财经网站的页面中输入"人名+大股东"找出出资企业，借此挖掘潜在的目标客户。

以上介绍了四种方法，光是利用自家公司的交易记录，就可以找出这么多种方法。简单地说，<u>只要交叉使用财报快讯、财经网站和自家公司的交易记录，就能够锁定具有购买实力的目标客户</u>。

寻找目标客户的其他方法

■ 利用自家公司的交易记录，锁定目标对象的4种方法

1 同业界的上市企业

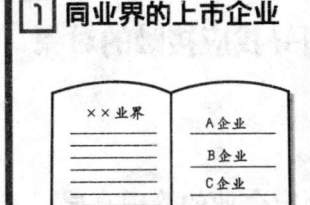

通过《××业界》查询销售业绩较好的上市企业。

2 隶属同一协会或团体的企业

从曾经交易过的企业所属或加盟的协会或团体中寻找，这些协会或团体中也会有不少上市企业。

3 同一集团的上市企业

如果曾经交易的企业隶属某一集团，从集团组织圈中便可找出其他上市企业。

4 通过曾经往来过的企业的资本关系来锁定目标客户

A企业资本比例　　母企业资本比例

从曾经交易过的企业资本比例上，可看出上市企业是否有出资，或找出曾经交易的企业其出资投资的母上市企业。

第二章 在办公室内轻易锁定目标　079

04 | 如何寻找应接触的对象

● 利用财经刊物锁定企业的管理高层

到目前为止，利用财报快讯、财经网站和自家公司的交易记录，应该可以锁定第一阶段要接触的上市企业。不过，我在第一章中也提到过，光是这样还不算真正锁定目标对象，接下来的第二个阶段才会具体锁定接触对象。

这对于以往不曾锁定特定人群推销的业务员来说或许有些困难，但其实很简单。因为无论是哪一家上市企业，都必须公开高层的董事名单。

我们经常使用的是提供完整董事资讯的《董事报刊》。只要翻开《董事报刊》找到先前

> 无论是哪一家上市企业，都必须公开高层的董事名单。

锁定的企业，就会看到记载企业高层管理的董事名单。除了董事长，还必须找出与这家企业的商品和服务有关的部门董事或经理，而董事和经理的名字旁边，也会清楚地标明其负责的部门。

例如："负责人事"、"负责宣传"或"负责商品开发"，这些掌管与公司商品和服务有关的部门的董事和经理，就是你要接触的对象。不过在《董事报刊》中，有的企业并未注明董事掌管的部门，这时就可以利用以下的关键字进行搜索。只要输入锁定的企业名称、相关部门和负责人，就能够找出目标对象所掌管的部门。

这么一来，便能够明确锁定应该接触的企业和对象。由于步骤简单，相信不少人会纳闷："这样就可以了吗？"是的！这样就够了。

只要输入锁定的企业名称、相关部门和负责人，就能够找出目标对象所掌管的部门。

●彻底调查对方的出生地、毕业学校和兴趣

业务员在确定要接触的对象之后，接下来的工作是彻底调查对方的经历。

除了生日之外，大家可以利用在寻找目标对象时提到的《董事报刊》、《财经杂志》或《企业家人物词典》等有关企业高层管理人物资讯的专业书籍或网络媒介，查出对方的出生地、就读学校、家庭成员和兴趣等个人资料。

最好可以连对方出生于哪个城市和就读于哪所高中都调查出来。如果是大学毕业，最好连科系都要掌握。

至于兴趣，如果是运动，最好能够具体查出对方喜欢的是棒球还是足球；如果是艺术表演，则要查出他们喜欢的是音乐剧还是歌剧。调查得越详细，就越能找出他们和你之间的关联性。

查出对方的出生地、就读学校、家庭成员和兴趣等个人资料。

这些资讯很容易让你对他们产生亲切感和认同感，使你迫切地想见对方。这种"迫切想见对方的心情"正是影响"交易关键人攻略法"成败的关键所在。因此，如果调查后，你丝毫没有想见对方的心情，那么我建议你还是尽早改变目标对象比较好。因为这些阅人无数的企业高层，很容易看出你缺乏热情的心态。

虽然对对方的个人资料调查得越详细越好，但其实只要掌握其中几个关键资讯就能够让对方对你产生好感。

举例来说，我最常用的就是生日祝贺。我会在客户生日当天，打电话或写信祝贺对方生日快乐。因为没有人不喜欢别人祝自己生日快乐。光是这个简单的做法，就会让对方改变对我的印象。

此外，了解对方的出生地也很重要。如果发现你准备接触的企业高层和你是同乡，你们之间便有了联系。仅在信中表达你对故乡的思念之情，就会让对方心生共鸣。

每次成交后，我一定会问客户："您为什么会愿意见我这个陌生人？"

他们的答案大多是："因为你说你无论如何

> 这种"迫切想见对方的心情"，正是影响"交易关键人攻略法"成败的关键所在。

都要见我一面。"在我的经验中,企业高层管理者多半为人圆通,善解人意。当然,如果你不想见他们,却请求与他们见面,他们绝不可能见你。为了燃起你迫切想见对方的热情,就必须彻底调查对方的所有资料。

●确定对方的长相

对方若是企业高层,你只要输入人名进行搜索,就能够获得众多资讯。不只是企业的人事资料,有时候还能找到目标对象过去接受过的采访资料。看过这些资料,你基本上就能了解这个人的生平。

此外,在搜索结果的页面上还有"图片"或"视频"等内容。一旦知道写信或打电话的对象的外貌,写起信来通常就更有感情,打电话时也就不会那么害怕了。

想必多数人过去在寻找客户时,都没有把目标对象查得这么仔细,但这才是真正地锁定目标对象。当然,之所以有办法了解得那么深入,是因为我们把目标锁定为了上市企业的高层人士。

上市企业的高层管理者几乎都会把自己当成是"企业的代表人"，应酬式的接触对这些人是不管用的。因此，要尽可能了解对方的背景，让对方感受到你的真心诚意。

即使事先调查客户资料对业务员来说是基本功，但还是有人会排斥调查对方的个人资料。为了避免造成误会，最好利用公开资讯了解对方背景，这样既无损公司声誉，也不违反法律。我反而认为从不调查客户资料的业务员，才应该感到汗颜。从事业务和谈恋爱一样，调查对方背景都是为了让对方对自己有好感，请大家务必了解这点，并切实执行。

> 上市企业的高层管理者几乎都会把自己当成是"企业的代表人"。

●利用公司内部所有人的人脉

在决定接触对象的同时，业务员绝对不能疏忽的一件事是：开发公司内部的人脉并在公司内部开展行销。因为公司内部很可能有人认识上市企业的高层。

假设公司的会计是东京大学毕业生，他的同班同学就很可能正担任某上市企业中的重要职务。在经过你调查筛选后找出的目标企业中，很可能就有你们公司会计的同学、朋友或校友。

如果你们公司的会计认识某上市企业的高层、董事，或是有朋友认识这些人，就可以请他们帮忙介绍，这样推展业务就会容易很多。这绝对比你突然上门拜访，更有可能约到对方企业的高层。

业务本来就不是一个人的工作，两个人的人脉当然比一个人的多。如果拥有全公司人员

> 开发公司内部的人脉以及在公司内部开展行销。

无论是面对公司内部或公司外部的人，都必须用同样的态度交往。

注意公司内部发布的讯息的同时也要注意公司同事参与的外部活动。

的人脉，那就更了不起了。不过，这时你必须注意的是，无论是面对公司内部或公司外部的人，都必须用同样的态度交往。

有许多人会误以为公司同事帮自己介绍客户是应该的，因为同事的关系很可能会让人忽略这些举动的背后其实关系到个人的工作绩效和利益。如果你的态度傲慢，对方很可能会不想帮忙。因此，无论是面对公司内部或外部的人，都必须同样谦和有礼。

如果认识目标客户的同事是厂长，就亲自到工厂拜访；如果是总务经理，就亲自到总务部打声招呼。以前我要到工厂拜访厂长时，会被上司质疑："你为什么不去拜访客户，而要去工厂？"我告诉上司："那是因为我知道如果能够有效利用公司内部的人脉，就更容易与目标客户搭上线。"后来，我当然还是直接到工厂拜访厂长，最后也顺利约到客户。其实只要能约到客户，上司就无话可说。

不仅要随时注意公司内部发布的讯息，同时也要注意公司同事参与的外部活动。因为有一天这些人可能对你的工作有关键性的影响。

但是，要掌握部门以外的人脉并不容易，

因此,平时除了与自己同部门的人建立良好的关系外,也必须多与其他部门的同事交流,尽可能充分地利用公司内部人的人脉。

05 | 成功约见的秘诀

● 从出现在媒体上的企业高层着手

前面介绍了许多锁定目标客户的方法，包括利用财报快讯、财经网站和自家公司的交易记录。除此之外，其实还有更精准的锁定上市企业高层的方法。

第一种方法是：以出现在媒体上的企业高层为接触对象。

一旦成为上市企业的高层，就常有机会接受媒体采访。无论是电视、报纸、业界刊物、综合杂志，还是商业杂志，都能看到这些企业高层接受采访的视频或报道。

如果在你看到电视节目、杂志或报纸报道之后，心中立即浮现想见此人一面的想法，就

> 以出现在媒体上的企业高层为接触对象。

表示这个人就是你的目标客户。我自己就是用这种方法拜访到许多大型海运和机电企业的高层管理者，而且大部分业务都可以顺利成交。

利用媒体锁定目标客户的诀窍在于，越是关注只有业内人士才了解的媒体，越有可能成功约到目标客户。

具体来说，相关业界的报纸和杂志就是最好的渠道。其实有很多业务员连与公司相关的业界报纸和杂志都记不清楚，当然很容易忽略这项资讯。

比起一般的报纸和商业杂志，业界刊物通常会报道更多该领域企业高层的消息。如果你能够告诉目标客户，××年×月××报纸上有关他的报道让你非常感动，或是×月×日的××杂志上的报道让你对他既佩服又赞赏，借此让他们知道你注意到不太为人所知的媒体报道，就更有可能打动他们的心。若能详细阅读报道的内容，必然会让他们更容易相信你、接受你。

此外，很容易被一般业务员忽略的媒体还包括介绍业界动向的书籍。有不少业务员把这些书籍当成一般读物，但优秀的业务员却非常懂得利用书中介绍的企业高层寻找目标客户。

越是关注只有业内人士才了解的媒体，越有可能成功约到目标客户。

如果只是看名字就写信给对方，这和照着名单打电话没什么两样。

我曾阅读过一本介绍十几家上市企业的新书，并锁定其中有共鸣的企业高层进行业务拜访，结果顺利地和其中五家企业完成交易。因为书籍通常要比报纸或杂志更深入地介绍特定人物，所以很容易让你与客户产生共鸣，或是找到增加好感的话题。

不过需要注意的是，只需要锁定你真的认同的人。如果只是看名字就写信给对方，这和照着名单打电话没什么两样。这种做法不仅无法让对方感到你的诚意，还会让对方认为你不过是个八面玲珑的业务员。上市企业的高层各个都是可以看穿人心的厉害人物。

● 找出自己和对方的关联性

第二个方法是：从自己和对方的关系着手。

大学时期活跃在社团里的人进入社会当业务员后，往往很懂得利用人脉做事。事实上，很多业务员光靠学长、学弟的关系，就可以轻松约到客户，谈成业务。

有了人脉基础，彼此简单问候寒暄几句之后，就能够切入正题。就算你没有准备什么了不起的企划书，但是你的学长很可能当下就欣然同意这笔交易。

从自己和对方的关系着手。

我在前面曾提到，拜访客户前，要仔细调查目标客户的背景，用意其实是要大家找出能够加强彼此关系的联系。

然而，要利用这种方式寻找目标客户，就必须反其道而行之。举例来说，如果你是福冈人，就要利用《董事季报》找出同样出身福冈的企业人士，将对方锁定为目标客户。此外，在财经杂志或报纸以及《企业家人物词典》这类书籍中也可能轻易找出同乡客户。

其实利用同乡身份，在信中写上一句家乡话，往往就可以拉近彼此之间的距离。

除此之外，如果你喜欢音乐剧，也可以寻找对音乐剧感兴趣的企业高层，然后在寄给对方的信中，巧妙地带入令你感动的音乐剧，这样也可能缩短彼此的距离。无论是出生地、就读的学校或嗜好，只要能够攀上关系的资讯，都可以加以利用。

在我担任顾问的公司中，有个业务员非常喜欢阅读《董事季报》。他手上的那本《董事季报》已经被他翻得破烂不堪，可见为了找出潜在客户，他不知道翻过那本季报多少次了。

也有的业务员通过自己擅长的领域或用业务技巧提高业绩。例如，有人说"只要出生地是九州的企业高层，就有办法让他们买单"，有人说"只要和自己有共同兴趣爱好的企业高层，就可以在最短时间内拉近彼此的关系"，也有人说"只要是上任不满一年的企业高层，大部分都能顺利约见到他们"。

> 其实利用同乡身份，在信中写上一句家乡话，往往就可以拉近彼此之间的距离。

根据我的观察,这些懂得利用《董事季报》找到客户的业务员,通常比其他业务员更有自信。看到这些因为抓住一个机会而达成目标或乐在其中的业务员,我心里也非常高兴。

第二章重点整理

- "交易关键人攻略法"的第一步就是决定攻略哪一家企业的什么人。
- 锁定上市企业为目标客户。
- 利用当年3月财报快讯和自家公司的关键字找出目标客户。
- 从经营者的角度找出"自家公司的关键字"。
- 从公司曾经交易过的企业中找出目标客户。
- 利用《董事季报》寻找目标客户的高层管理者。
- 利用媒体或自己和目标客户之间的关系接触有可能成交的企业高层。

第三章

写出对方必读的信件

01 | 为什么要先写信

● 突然打电话给企业高层有难度

接下来,就要进入"交易关键人攻略法"的"信件攻势"。在说明方法之前,我想先说明一下,为什么要将写信作为接触"交易关键人"的第一步。

或许有人会认为,既然已经锁定目标,或是对目标客户做过详细调查,与其慢慢写信,还不如直接打电话给对方比较快。会这么想的人应该是比较擅长说话的业务员。

或许已经锁定目标客户,直接打电话确实比较快。事实上,我以前也是一锁定目标客户就会立刻打电话。如果是擅长根据名单打电话约客户的业务员，确实会觉得电话攻势容易许多。

不过，我随即发现这样的想法太过草率。因为，我在担任业务经理时，也曾将"交易关键人攻略法"传授给下属，要他们尽可能多打电话，但成效往往不佳。

不善言辞的人要么没勇气打电话，要么就是拨了电话后脑袋一片空白，说起话来没有重点，完全不知道自己在说什么，于是立刻就被对方挂了电话。这些人虽然很清楚"交易关键人攻略法"的成功率非常高，是十分有效的方法，然而，要他们打电话给企业高层，结果往往不如预期。

此外，就算是擅长打电话约客户的业务员，对象一旦变成企业高层，也会害怕得连话都说不好。但问题是，不打电话约客户，就没办法谈成交易。后来，我发现要业务员打电话给企业高层必须先提供"武器"，不然他们连客户都约不到，又谈何成交？而这个"武器"就是写信。

● "信件攻势"让约见率提高10倍

为了让每个人都能够成功运用"交易关键人攻略法",我发现如果在打电话之前,先用写信的方式让对方知道业务员求见的理由,打电话时就无须长篇大论,一般业务员反而比较容易约见成功。

如果不需要说太多话,就算是不善言辞,或是一紧张说话就会结结巴巴的业务员,也有办法用电话顺利约见客户。

除了信件之外,我也尝试过发传真,结果发现传真比信件更容易被忽略,甚至被丢弃。几经尝试才发现信件才是接触企业高层最有效的第一步。

例如,我有个业绩还算可以的下属,在没采用"信件攻势"之前,以电话约到企业高层的比率只有2%,而且他还是能言善道型的业务

> 信件才是接触企业高层最有效的第一步。

员，他一开始也是认为打电话比写信有效。可是他就算一大早就开始打电话，一天顶多也就打50通，十天打500通，当中大约可以约到10位客户，"打中率"是2%。因为他对自己的业务技巧非常自信，一开始并没有接受我的方法。

以往他用"乱枪打鸟"的方式打电话，成功约见的比率是1%。以一般的标准来说还可以，所以能够提高2倍，达到2%，已经算是很不错的业绩了。但是，因为他使用的是"交易关键人攻略法"，必须耗费时间锁定目标客户，从这点来看，这个数字并不理想。

于是我要求他改用"信件攻势"，结果他以写信作为接触客户的第一步后，电话成功约见客户的比率就提高到20%。也就是说没有目标、"乱枪打鸟"的业务法约见的成功率只有2%，但采用信件攻势后，成功约见率就提高到20%，结果可以说是天壤之别。

而且，我发现在公布财报和股东会之后的一个月内，成功约到客户的比率更是超过50%。

至于信，如果对方不看，当然是完全没有效果。如果信件被丢到垃圾桶或压在文件中，你就算打电话，对方也很容易搞不清你在说什么，当然更不会答应你的请求。

> 采用信件攻势后，成功约见率就提高到20%。

财报公布和股东会之后,成功约到客户的比率之所以大幅提高,是因为企业高层在这段时间通常比较有空,有时间看信件。只要企业高层看了你的信,约见成功的概率就大大提高,这就是我为什么鼓励大家使用"交易关键人攻略法"的原因。

只要企业高层看了你的信,约见成功的概率就大大提高。

●信件让你不必多费口舌就轻松约到客户

只要事先寄信给目标客户，打电话时就能顺利进入业务主题。关于如何在电话中成功约见客户，我将会在第四章具体说明。以下是一位新手业务员在使用"交易关键人攻略法"一个月后，打电话给某大型食品公司董事时的对话：

新手业务员："请问您是否收到了我的信？"

上市企业董事："嗯！内容挺有趣的，我们碰个面谈谈吧！"

新手业务员："不知道您×月×日到×日之间，什么时候比较方便？"

上市企业董事："9月8日的11点怎么样？"

这位新手业务员只用以上的对话，就和那

> 只要事先寄信给目标客户，打电话时就能顺利进入业务主题。

位董事约好了见面时间。对于那些拼命打电话的业务员来说，或许很难相信事情会进行得如此顺利。这是因为想告诉对方的内容都已经写在信中，在电话中就算只是寒暄几句，也能够轻松进入主题，约到客户。

有的业务经理认为只靠信件，会导致业务技巧退步，往往会要求手下的业务员用电话推展业务。业务员在打电话给客户时，确实需要具备沟通技巧，但是就像我前面提到的，其实多数业务员并不能言善道。

这套"交易关键人攻略法"就是为了让一般业务员也能够轻易做出耀眼的业绩，所以我才建议大家使用任何人都能够约到客户的"信件攻势"。

"交易关键人攻略法"就是为了让一般业务员也能够轻易做出耀眼的业绩。

●放入信件、客户名单、公司简介和名片

给客户的信中必须放入信件、客户名单、公司简介和自己的名片,其中最重要的当然是信件,客户名单和公司简介倒是其次。

企业高层一般只会扫一眼客户名单,只看公司简介中的营业项目,甚至有些企业高层根本就不看。因为企业高层在乎的多半不是公司,而是业务员的态度。

> 企业高层在乎的多半不是公司,而是业务员的态度。

根据我的经验,大多数的企业高层在与业务员见面时,通常会说"老实说,你们公司我不太熟悉",或是会问"你们公司是做什么的"。由此就可以看出大多数的企业高层看信时的心态。

采用"交易关键人攻略法"完全不需要多余的资料,这点和以采购负责人为对象的推

销方式完全不同。如果接触的对象是采购负责人，他们通常会希望见面之前多提供一点资料，好了解你的公司，以便向上级呈报。但是，很多时候按照对方的要求，寄送大量的资料，结果却连面儿都没见着。更糟糕的是，有时客户为了和其他公司签约，把你当成向上级呈报的"备胎"或"对照方"，要求你提供许多资料。

以前我也经常遇到客户要求我提供资料，说明我们和其他公司的不同之处，有时候最后才听说我们被当成"备胎"，当下心里真是愤愤不平。

然而，"交易关键人攻略法"只需要提供曾经交易过的客户名单，不需要提供细节资料。很少有企业高层会要求业务员提供自家公司和其他公司哪里不同的资料。

> "交易关键人攻略法"只需要提供曾经交易过的客户名单，不需要提供细节资料。

对于分秒必争的企业高层来说，与其收到一份详细记载公司组织图和业务内容的公司简介，倒不如收到一张A4大小的公司简介更有用。千万不要因为对方是企业高层，就不假思索地寄出一大堆资料。

公司简介其实越简单扼要越好，因为这些企业高层没有时间仔细地阅读冗长的公司简介，因此不需要专程为他们制作一叠厚厚的资料。那样做反而不如用心地写一封真诚的信。

02 | 如何让企业高层看完信就想见你

● 写信要分成五段

接下来要介绍的是具体的写信方法。

能不能让企业高层读你的信,以及读的时候有没有感觉,是成功约见企业高层的关键。

现在,由于电子邮件的普及,不少新手业务员几乎都没机会用手写信。我也知道这年头电子邮件既方便又简单,大家一定会觉得没有必要写信。但是就像我在前面所说的,<u>无论是要打动企业高层,还是从容不迫地约他们见面,信件都是接触企业高层最有效的一个方法。</u>

相信有不少人会怀疑自己是否写得出打动

人心的信吧?放心,只要学会接下来我介绍的方法,每个人都能写出打动人心的信。

首先,请大家先记住打动企业高层的信件的架构。写给企业高层的信必须依照<u>问候语、自我介绍、公司特色、交易对象、关注事项和提供条件</u>等顺序来写。

说到写信,大家或许会觉得很困难,但是内容其实和你第一次拜访客户时所说的话没什么区别。在打过招呼、介绍自己的身份之后,就开始说明公司特色和实际交易过的对象,然后再确认对方的需求,以及表明自己的想法。

将你平常拜访客户时跟对方说的话写成文字就可以。

也就是说,只要将你平常拜访客户时跟对方说的话写成文字就可以了。和以往不同的只是对象变成见多识广的上市企业高层,因此写信时,必须考量对方的年龄和其在企业中的地位。

信件的第一段是问候对方。如果无法写出别具一格的寒暄内容,就干脆使用固定的问候语。

信件的第一段是问候对方。

例如:"时值初夏,欣闻贵公司生意兴隆,大展宏图"。你或许是第一次看到这些问候语,但网络上诸如此类的问候语有很多,可以直接引用符合时节的问候语。

第二段则是自我介绍。内容可以是"我是××公司的××,鄙公司为协助企业提升营运绩效的管理顾问公司,长年致力于争取使企业经营者成为公司客户"。

这一段的内容虽然和去拜访客户时的自我介绍没什么两样,但重点是,要告诉对方你平日接触的对象是企业的管理者,就算经验不足,只要记住还有公司的上司会支援你就够了。

第二段则是自我介绍。

● 从经营管理的角度说明公司特色

书信的第三段内容是从经营管理的角度说明公司特色。

这是对方判断有无必要和你见面的依据。如果被企业高层认为不是他应该应对的问题，即使你和对方通过电话，在你前往拜访对方之前，此事也会被转交至其他负责这些事情的部门，这么一来就失去使用"交易关键人攻略法"的意义了。

例如，如果你是系统开发公司的业务员，而你用"鄙公司在改善贵公司的业务效率上，能提供系统解决方案"来介绍自己的公司，企业高层就会认为这不归他所管，这应该转给资讯系统或经营管理企划部门的负责人。

因此，在写给企业高层的信中，应该在一开始就写道"本公司提供的决策系统，可以帮

> 第三段内容是从经营管理的角度说明公司特色。

> 重点在于企业高层一看到你的信，就认为你所提供的商品或服务对提高运营效率是必要的。

第三章 写出对方必读的信件　111

助高层管理者做出正确决策",或是"本公司能利用特有的IT技术,解决贵公司面临的经营问题"。重点在于企业高层一看到你的信,就认为你所提供的商品或服务对提高运营效率是必要的。

书信实例和分段

■ 让企业高层愿意见你的书信写法

[正确写法]

××总经理您好：

　　时值秋凉，欣闻贵公司业绩斐然，业绩昌隆。

　　我是××公司的业务员，我姓森。鄙公司主要提供各大企业高层管理者IT顾问的服务。

　　鄙公司针对企业的经营管理，在企业面对改革或前景混沌不明之际，以助高层快速做出有效决策。鄙公司成立多年，至今服务过上百位客户，其中包括上市企业、优良企业和事业单位。因为提供的系统整合服务解决了客户长年的问题，故在业界中获得极高的评价。

　　虽然知道冒昧地打扰您非常失礼，但还是希望您能够在百忙之中赐见。如果能有机会当面向您介绍鄙公司的服务，一定能对贵公司的业务有所助益。如果您时间方便，请务必给我一次机会。

　　冒昧写信给您实在抱歉，近日内将再次去电请益，还请您多多指教。

　　　　　　　　　　　××公司　森　功有
　　　　　　　　　　　××年×月×日

[错误写法]

××总经理您好：

　　突然冒昧写信给您，失礼之至，实在抱歉。

　　每当在×站下车时，经常经过贵公司门口，贵公司显著的看板让人印象深刻。我还曾经跟贵公司的前台人员表示，有机会一定去拜访贵公司。

　　在偶然的机会中，得知您负责统筹规划贵公司的集团策略，因此决定冒昧写信给您。

　　在贵公司大力推动降低成本、提升生产效率的过程中，必定有鄙公司可供效力之处。由于鄙公司与贵公司地理位置相近，我认为当然要为您尽一己之力，因此才冒昧去信。

　　在下深知您工作忙碌，若能在百忙之中赐见，本公司定能提供有效之协助。尚请赐教。

　　　　　　　　　　　　××公司　森　功有
　　　　　　　　　　　　××年×月×日

[错误写法分析]

·没问候之意的问候

无论是否失礼,如果想见对方,不应该写出这样的问候语。明明想要助对方公司一臂之力,却太过谦虚。此外,身为一名业务员,应该要懂得如何使用惯用的问候语。

·自我介绍的开场白太过冗长

应该在一开始就告诉对方自己是谁。原因说明太长,而且应该诚实告知并非偶然得知对方资讯,而是经过锁定搜寻得到的结果。一般的企业高层不喜欢迂回的说话方式,因此,最好简单明了,直截了当。这么一来更容易取得对方的信任。

·没有介绍公司的实际业绩

如果以往曾有过交易成果,应该写在信中;如果没有,可以告诉对方公司的业务方针。

·关注事项太过主观

信中所写的是业务员个人的看法,无法打动客户的心,完全是业务员的一厢情愿。最好还是直接根据财报快讯,写出针对不同客户所能提供的服务。

·完全看不出公司的特点

仔细思考如何才能简单描述公司的特点。

·文章缺乏强调的重点

因为内容看起来像流水账,可以利用粗体字或波浪线来强调重点。此外,可以用放大或加深颜色的方式,处理对方的公司名、职位和名字。同时必须注意行距的大小,以方便阅读。

当你找不到关于经营观点的关键字时，可以重新翻阅锁定目标客户时所阅读的书籍。这样应该就可以找到适合公司商品和服务的关键字。写信虽然不可以说谎，但同样的事情只要换个说法，就可以改变看信人对你的印象。

介绍公司交易成果的第二个重点是，如果公司与上市企业或大型优良企业有过交易，一定要特别加以强调。如果没有，就要尽量避免提及业务记录。因为上市企业通常非常在乎往来厂商的交易对象，因此，如果曾经和知名企业合作，一定要清楚告知。有人或许会认为反正对方不会调查，就将只是拜访过，或者只是和其子企业交易过的企业写成和母企业曾有合作。然而，信任是业务成功的基础，所以切记不能说谎。

> 信任是业务成功的基础，切记不能说谎。

上市企业的高层不但三两下就能够拆穿你的谎言，更糟糕的是，如果对方和你说的企业有来往，谎言一旦被拆穿，你可能就会被列为禁止往来户，所以绝对要避免不诚实。总之，只要按照事实描述就好。

如果公司尚未有特别好的交易业绩，这时不妨阐述自家公司的经营理念或愿景。只要有坚定的信念，对方一定能够感受得到。

若自家是前面提到的系统开发公司，就应该以公司的经营理念和核心价值为主要的说明重点。例如："鄙公司虽然是成立未久的新创公司，但随时掌握最新的市场动向和IT发展趋势，不断致力于成为大型企业需求的系统整合商。鄙公司所提供的系统一方面能提高客户的效益，一方面能将企业改善人类生活的理念落实到企业组织中去。"

说明公司特色与实际交易业绩时应注意的地方

| Point 1 | 从经营的角度说明公司特色 |

举例来说，如何说明销售"人才分析诊断"的公司特色？

 "我公司致力于提供企业组织改革和提升人才力的商业模式……"

 "我公司针对提升人才力提供企业所需的评估工具……"

| Point 2 | 如果欠缺和上市企业或优良企业交易的记录，可说明公司的经营理念或愿景 |

举例来说，如何说明销售"人才分析诊断"的公司特色？

 "我公司虽然是成立未久的新创公司，但随时掌握最新的市场价值和IT动向，不断致力于成为大型企业需求的系统整合商。鄙公司一方面能提高客户的效益，一方面能将企业改善人类生活的理念落实到企业组织中去。"

 "我公司希望通过系统，使贵公司的物资调度更为合理，并改善生产效能，以期提高业务效率。虽然是刚成立不久的系统整合商，但无论是提案还是解决问题的能力都值得信赖。"

● 从财报快讯中寻找关注事项的关键字

信件的第四段必须设法将公司的商品和服务与目标客户的关注议题连接起来。简单说就是必须设法触动对方的要求，打动对方。

企业高层关心的事基本上就是财报快讯"经营方针"中的"企业面对的问题"。因此，可以从该项内容中找出关键字。由于这些企业符合你锁定目标客户时使用的"自家公司的关键字"，所以财报快讯中一定有可供使用的关键字。

如果你就是这家系统开发商的业务员，而且财报快讯中能找出"强化内部管理体制"这个关键字，接着就可以利用这个关键字，将关注事项整理为"鄙公司有把握协助贵公司强化内部管理体制"。

此处的重点在于，直接引用财报快讯中出

> 信件的第四段必须设法将公司的商品和服务与目标客户的关注议题连接起来。简单说就是必须设法触动对方的要求，打动对方。

现的关键字，不需要重新组合。因为企业高层无时无刻不在思考如何解决企业面临的问题，你只要能够让自家公司的商品或服务和这些问题连接起来，就能够吸引对方。

从财报快讯中找出关注事项的关键字

Point 1　从财报快讯中寻找关键字

关键字：追求集团综效

通过追求整个集团的综效，以期凸显与竞争对手的不同。今后将视追求集团综效为重要课题。今后将会加强合作，除活用集团综效，提供给客户基础的服务外，还将持续提升运营成效。

关键字：强化企业内部体制

致力于扩大集团事业时，必须确保聘用优秀的人才。由于人才聘用、培养以及扩大事业时组织体制的强化，都对拓展事业和业绩有极大的影响，今后必须加强。今后本集团在聘用新进人员时，将以优秀且认同本企业经营愿景的人才为目标。此外，将配合企业的成长，建立有效的员工管理和培育系统。

Point 2　将关键字和公司的商品与服务相结合

① 我公司的服务一定能够凸显贵公司与竞争对手的不同。

② 应从人才策略上强调运营成效的提升。

③ 关于贵公司应解决的问题"确保优秀的人才"，鄙公司的提案中一定有适合贵公司的服务。

④ 由于鄙公司提供的服务是"挖掘认同企业愿景的人才"，因此……

第三章　写出对方必读的信件　121

● 用一句话拉近彼此的距离

最后一段，也就是第五段必须写出公司提供的服务。

第五段必须写出公司提供的服务。

我知道您一月刚上任为企业的常务董事，工作想必十分忙碌，但如能蒙您赐见，我必定能提出对贵公司有所助益的改革方案。如果方便的话，希望近日能与您见面一谈。

上面的写法是业务信件最基础的陈述方式，清楚有力地表明了自己的要求，要尽可能避免拐弯抹角，最好直截了当地说明去信的用意。这是最关键的一段，要让对方感受到你想求见的心情。而针对不同的目标客户，只要改变前半段的写法即可。

是否能够缩短彼此的距离，全看这一段。

这时锁定目标客户时所调查的资料，就可以派上用场了。在前面的例子中，对方成为常务董事的时间就是关键所在。

如果你和对方就读的是同一所高中，就可以写："当我得知您是我的高中学长时，除了惊讶之外，更觉得荣幸。"如果你是利用专业杂志找到对方的资料就可以写："我在×月×日的××杂志中曾看到您的专访，您对人才的洞见让我深感佩服。"

以上只是范例，大家必须多利用手边查到的资料，设法写出能够打动对方的信。然后在信的最后简单扼要地表达求见的想法，例如："请赐见"或是"鄙公司的提案必能对贵公司有所助益"。

除了上述的写法，如果能够有效利用彼此的关系，效果也会不错，例如："学长请多多指教"或是"祝您生日快乐"。你越是详细调查目标客户，就越能找到与客户更近的关系或更具体的表达内容，最后总结成一句表达你想告诉对方的话。

多利用手边查到的资料，设法写出能够打动对方的信。

●最后一句话和署名一定要亲笔写

最好能亲自手写信件。

最后,我要提醒大家实际写信时要注意的地方。

如果能够亲自用手书写当然最好,但打字其实也没有关系。不过,打字时最好尽量选择与手写字相近的字体,要避免选择较粗的印刷字体,否则每天都要阅读大量信件的企业高层会不想看你的信。

如果用电脑打字,最后一句话和你的名字最好手写。

最后一句话和你的名字最好用墨水笔手写。因为如果全部用电脑打字,会让对方以为是同时寄给多家公司的。

一旦被认为是同时寄给多家公司的信件,就会被丢进垃圾桶。为了要让对方觉得这封信是特别的,署名一定要亲笔签名。即使是一样的文字,但是用手写就能将你的心意传达给对方。

以往我也曾经全部用打印的信，但是自从改用手写最后一句话和署名之后，约见客户成功的比率就提升不少。因此，就算你的字写得再不好看，最后一句话和署名也一定要用手写。

曾经答应见我的一位企业家这样告诉我："森先生，你最后的那句话真是让我感动！虽然字丑了一点。"由此可见，即使字再丑，对方还是可以感受得到我的心意的。

让人觉得亲切并讨人欢心的讯息

得知您一月刚上任为常务董事,想必十分忙碌,不知是否能够赐见?不会占用您太多时间,请务必给我一次机会。

可依照不同的对象,改变最后一段前半部分的写法,以达到最好的效果。

Point 1　对于值得纪念的事给予祝福

例1　"由衷祝您生日快乐!"

例2　"恭祝贵公司成立×周年,社运昌隆!"

例3　"恭喜贵公司荣获本年度'××企业'奖"

Point 2　让对方知道彼此的关系

例1　"得知您是我大学的学长,因此提笔写信,希望能够助您一臂之力。"

例2　"我的父亲也是××地人,他告诉我××地的人都是表里如一的人。"

例3　"××大学橄榄球队的学弟们都在努力打拼事业。"

03 让对方不自觉想看信的送信方式

●邮寄或交由前台人员转交

写好信之后，有两种送信的方式。

第一种是邮寄。基本上可以用普通邮件寄发，如果是想在特定的某日送到就寄限时专送。各位或许有过类似的经验，如果你直接限时专送，或以指定邮件送达日的方式寄信，反而会让对方感到麻烦，适得其反。所以基本上采用普通邮件寄发即可。

不过，如果想在特定的时间寄达的话，就可以用限时专送。这里所说的特定时间，指的是对客户有特别意义的纪念日，例如，客户的

> 如果想在特定的时间寄达的话，就可以用限时专送。

生日或公司的成立纪念日、股票上市纪念日等。如果信中传达的讯息是针对纪念日的，只有在当天抵达才最有效。

另外一种方法就是直接交给公司的前台人员。或许有人听到这种方法，会觉得这根本就是"按铃推销"，其实我说的只是把信交给前台人员而已，完全不需要任何推销话术。

"交易关键人攻略法"里的信件攻势，并不是一般常见的业务员"乱枪打鸟"或到处发名片、以要求求见对方为目的的"按铃推销"。亲自送件的目的只是将信送给对方，就算当天无法见到目标客户也无所谓。我通常会告诉那些不擅长"按铃推销"的新手业务员，送信时只要把自己当成是"传信鸽"就行了。关于这点我会在后文详细说明。

无论是邮寄或亲自送信，每个人都要选择自己喜欢或可以接受的做法。不善言辞的人可以选择邮寄；如果觉得不放心，或是你喜欢上门拜访客户，不妨亲自送件。你也可以依照不同的时间和对象，轮流使用这两种方法。

亲自送件的目的只是将信送给对方，就算当天无法见到目标客户也无所谓。

●使用一般信封而非公司专用信封

要提醒大家注意，邮寄的重点在于信封。收到装在什么样信封里的信，才会让企业高层愿意读呢？大家一定要知道，如果你的信是装在一般公司用的、A4纸需折成三折大小放进去的小信封里，企业高层应该不会想看。

如果是连你收到都不会想打开，就更不要说是企业高层了，大概在秘书那里就会被丢到垃圾桶里了。因此，<u>应该使用A4大小的信纸，以及不需要折叠就可以装得进信纸的大信封</u>。之所以不要折叠，是因为一折叠，收信人就无法在拆信的当下便立刻看到信的内容。

此外，装信时，要把信放在最上面，客户名单和公司简介谁先谁后无所谓，但信一定要在最上面。

至于信封颜色，使用一般的褐色信封就可

要把信放在最上面。

要使用普通信封。

以了,这是某企业的董事告诉我的。他说:"因为使用普通信封会让对方产生好奇,拆信之后发现里面的东西果然言之有物,就会增加好感度。"如果使用公司的专用信封,难免会带有商业色彩。一看到公司的标志,又是没听说过的无名公司,收件人就会觉得里面放的大概是推销的传单,认为没有必要看。

因此,使用"交易人关键法"时,一定要使用普通信封。最令我惊讶的是,几乎所有企业高层和我见面时,都会拿着当初我寄的信。他们不是只带着里面的资料,而是会把整个信封一起拿来。这表示他们非常重视这封信,请大家务必记住这一点。

各位曾经见过你将资料寄给采购负责人之后,开会时对方郑重其事地将资料连同信封一起带来的吗?应该几乎没有吧?由此可以看出企业的高层管理者相当重视礼节。

● 以墨水笔手写收件人姓名

收件人姓名到底应该用手写，还是贴上印刷的标签比较好？我试过以下四种做法："公司专用信封＋以标签印刷收件人姓名"、"公司专用信封＋手写收件人姓名"、"普通信封＋以标签印刷收件人姓名"和"普通信封＋手写收件人姓名"。

结果，我发现让对方最有反应的是"普通信封＋手写收件人姓名"。虽然信中的最后一句话和署名都是手写的，但是如果信封上也能用墨水笔手写收件人的姓名，往往更能打动企业高层。

我每次都会询问见我的上市企业高层，他们为什么愿意看我的信，几乎所有的人都告诉我："因为是手写信让我特别感觉到你的用心。"由此可知，手写信是有它的效果的。

"普通信封＋手写收件人姓名"最能打动客户。

●让对方更有反应的小巧思

其实只要花点小工夫,就能够让你见到更多的目标客户。

例如,我在指导业务员写信时,一定会建议他们使用质感好的纸。同样的内容,用了较具质感的纸张,就会让人觉得备受尊重。虽然这么做会增加成本,但比起没头绪跑业务的交通费或是请更多的客户吃饭的费用,这算是小花费大效果的做法了。

还有一个诀窍是我一直使用到现在的,那就是盖上特殊字样的印章。我通常会在信件最后,也就是自己的署名旁边盖上"感谢相遇"的字样,这个印章是我出差到广岛时买的,希望能对推展业务有所帮助。除了信件之外,我也会盖在信件背面和随信附的名片上。

此外,我还会使用各种小巧思,例如,贴

上当季的压花，或是喷上有季节感的香水，当然这些都不是非做不可的动作。不过，业绩好的业务员通常非常懂得运用这种"小巧思"，因为他们随时随地都在想办法掳获客户的心。

这些小巧思会影响对方是否拆信、读信或是否记住你的名字，所以请大家务必建立彰显个人风格的特色。

盖特殊字样的印章。

04 | 这样送，信件必达

● **清楚告知高层姓名**

要想让你的信确实被送到对方手上，一定要告诉前台人员你的目标客户的名字。只要请对方把信送给"××董事或总经理"，对方就一定会收到信。千万不能让对方把信交给××总经理的秘书或××事业部的公关。如果你因为客套而这么做了，当事人很可能就收不到信。

因为收到信的秘书或下属，会将你的信视为来路不明的业务员的推销信，往往在没有交给领导之前，就直接处理掉了。

为了让不善言辞的业务员能够同时掌握寄信和亲自送信两种方法，我通常会要求业务员试着亲自送信。但往往有些业务员信没送出去

就跑回来了。当我问他们："只要把信交给前台人员，他就会帮你转交给当事人，你为什么不送？"得到的答案往往是："那家公司没有前台人员，我不知道该交给哪个部门。"

有时候有些公司没有接待前台，只会在入口处放一部电话，而且没有总机，只有各部门的内线电话。遇到这种情形，无论哪个部门都可以，先打一通电话进去询问，然后告知接电话的人你是哪家公司的谁，表示有东西要交给××董事或总经理，然后再把信交给出来应对的人，请对方转交，这么一来你的目标客户就会收到信件。

如果在入口处遇到公司的员工，也可以把信交给对方，请他转交，这样目标对象也会收到信。但必须注意，一定要清楚告诉对方企业高层的姓名，因为如果只说"董事"或"总经理"，就会让对方认为你是上门卖东西的推销员。

或许有人会质疑：当事人真的能收到信吗？但只要想想，如果是你受托转交信件给公司重要的人物，你会将信件丢掉吗？我想应该不会。

只要让对方知道信是给企业高层的，就一

只要让对方知道信是给公司的管理高层的，就一定会被转交给本人。

第三章 写出对方必读的信件　135

定会被转交给收件人。在不知道内容的情况下对方不可能丢掉信件，如果是你也一定会交给企业高层，这是一般上班族都知道的职场规则。

●亲自送信时,不要把信放入信封

亲自送信时要注意不要将信件、客户名单和公司简介放入信封。

亲自送信最大的好处,就是目标客户直接收到信的可能性很高。因此,当对方收到信时,如果可以直接看到里面的资料,很可能会直接翻阅过目。

我在指导新手业务员时,会让他们把这三项资料放入透明的并且立刻就能打开的资料夹中。资料的顺序当然也要和邮寄时的一样,信件要放在最上面。

之所以建议大家不要把所有文件都放入信封,是因为我碰到过的新手业务员总是将信件封口,结果几乎约不到客户。这其中的原因就在于对方根本不看他的信。这位业务员自己也一直思考,为什么专程将信送到对方手中,却

将这三项资料放入透明资料夹中。

没被对方打开。后来，他认为如果对方在一拿到信后就直接看到里面的手写信，肯定会引起客户的阅读欲望。所以这位业务员自从改用透明资料夹取代信封之后，约到客户的比率就从原本的5%提高到20%。

● 如果亲自送件，信就全部用手写

如果你是亲自送件，信的内容就要比邮寄信件的简短。因为一眼就能读完的信，比需要久读的长信，更有机会被阅读。但信件内容必须包括自我介绍、寄信的理由和想见对方的心情。因为信的内容变短，为了加深对方的印象，建议最好全部用手写。

亲自送信虽然看似很简单，业务员也必须事先拟定计划。例如，要事先调查客户附近有无其他上市企业可以顺道送信，这不论是对新手业务员，还是性格内向的人都不困难。因为只要将信件交给对方，就算跑五个地方送件，也不需要花太多时间。

以上就是写信和送信的方法。信的内容可

> 如果你是亲自送件，信的内容就要比邮寄信件的简短。

能需要费点功夫，但就算是不常写信的人，在经过上述的学习后，应该也有点信心了。事实上，在我的指导下，过去很少写信的业务员现在都能写出像样的信了。

不将信放入信封的送信方法

1 使用透明资料夹

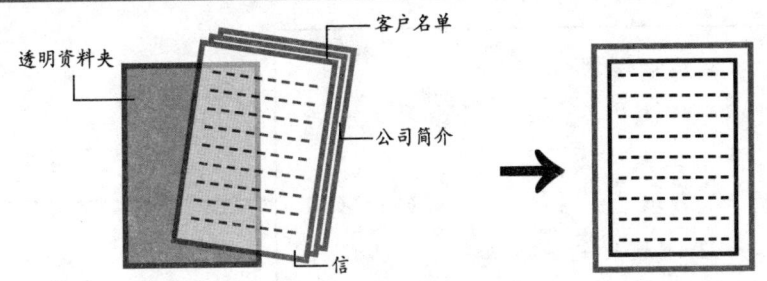

使用透明资料夹时，要将信放在最上面，让目标客户收到信后立刻就能阅读。

2 使用有两个口袋的资料夹

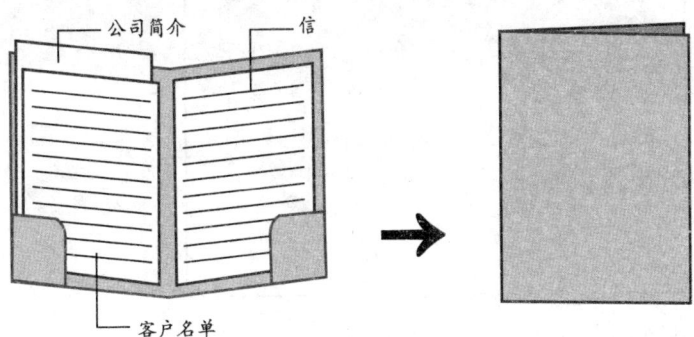

使用有两个口袋的资料夹时，为了让目标客户一打开就能阅读，信要放在资料夹的右边，方便目标客户阅读。

亲自送件时的信

■ 亲自送件时的信件范例

××总经理您好：

时值严冬，欣闻贵公司生意兴隆，大展宏图。

我姓森，是××公司的IT顾问经理，本人主要的服务项目为提升企业经营者的收益。

此次趁前来东阳町拜访数位客户之便，准备了一份鄙公司的资料，想提供给贵公司参考。

本人从很早以前就一直关注贵公司，深知您工作繁忙，但仍希望您能赐见。突然打扰您，实在抱歉，改天将再次去电话向您请益，敬请指教。

××公司　森　功有
××年×月×日

第三章重点整理

◎ 打电话约见目标客户前,先寄信给对方,客户约见率可提高10倍。

◎ 用来打动企业高层的信,必须包括5个要素。

◎ 从经营的角度说明公司的特色。

◎ 从财报快讯中找到与关注事项有关的关键字。

◎ 用一句话拉近与目标客户之间的距离。

◎ 给目标客户的信可邮寄或亲自送件。

◎ 直接送信时,一定要指明转交企业高层本人而非秘书。

第四章

成功用电话约到客户

01 | 如何从信件流程进入电话攻势

● 信件送达的两天内或亲自送件的隔天打电话

无论是邮寄或亲自送件，信件送达后，接下来该做的事就是打电话约见客户。

虽然一想到对方是上市企业的管理者或总经理，就会有些紧张。但是，打电话约见客户是"交易关键人攻略法"中最重要的工作，大家一定要学会用电话成功约见目标客户。

首先要说明的是打电话的时间。

邮件预定抵达的两天内打电话。

基本上，当对方收到信，看到内容之后，心中浮现可以和你聊聊或见面的那一刻，就是打电话给对方的最理想时机。但是因没有人可以掌握这个时间点，所以我就归纳出以下的原则，作为判断何时打电话的依据。

如果你是用邮寄的方式送信，就必须在邮件预定抵达的两天内打电话。如果用的是一般邮件，通常今天寄，最晚两天会到，也就是说你必须在后天起的两天内打电话。目标客户如果收到信，通常会在两天内看信。如果他是收到信的当天就看的话，"见见你也无妨"的想法顶多只会维持两天，之后很可能就会忘记这件事。因为对日理万机的企业高层来说，能记得这种事两天已经很了不起了。

如果你是用邮寄的方式送信，就必须在邮件预定抵达的两天内打电话。

但若超过信件送达预定日三天，我就会建议业务员不要再打电话了。当然，还是有人在三天后打电话，但据我所知，几乎没有一个人能约到客户。在缺乏信件效果的状态下打电话，就和以往随机打电话找客户没什么不同，要想约到客户可以说是难上加难。

如果对方在信件送达的第二天之前都没有

看信，之后会因为其他文件不断涌入，也可能不会再看你的信。如果是亲自送件，请务必在送到对方企业之后的第二天之前打电话。因为如果是亲自送信件，文件会直接被送到高层手中。如果对方在收到信之后没有立刻打开来看，信件很可能会就此淹没在众多的文件当中。

无论是邮寄或是亲自送信，如果不趁着对方刚看完信，记忆犹新之际打电话，写信就失去效用了。

打电话最重要的就是抓准时间，让对方能够将打电话的人和写信的人联想在一起。

> 如果是亲自送件，请务必在送到对方企业之后的第二天之前打电话。

●最好的去电时间是对方刚到公司或傍晚

打电话的时间其实也很有规律可循,那就是要选择在对方刚到公司或是傍晚的时间。具体来说,通常是早上8点50分到9点30分,以及下午5点30分到8点30分之间。根据我的经验,在这个时间去电,比较可能和企业高层通上电话。

因为他们的行程分秒必争,一整天几乎都有活动。比较可能接电话的时间通常只有这两个时间段。早上的可能性尤其高。企业高层的特征就是一大早就会进公司,几乎大部分的企业高层都是在8点之前就会抵达公司(或许更早),准备一天的工作。

我虽然说早上最适合打电话的时间是8点50分到9点30分之间,但最好的时间是8点50分到9点之间的10分钟。

> 大部分的企业高层都是在8点之前就会抵达公司(或许更早),准备一天的工作。

有件事我到现在仍然印象深刻,那就是我过去辅导的一位女性业务员,曾经在这短短的10分钟之内约到3名客户。虽然约到3名客户堪称是奇迹,但是利用早上的10分钟约到客户是常有的事。通过这个例子大家应该知道,接触企业高层时必须抓住"黄金时段"。

能够利用好早上这10分钟的人,往往能取得制胜先机,我非常希望大家利用这个机会,把自己变成早起的鸟儿。

接触企业高层时必须抓住"黄金时段"。

●一定要指明让目标客户接电话

打电话时，务必要清楚告知接电话的人员请"××社长"或"××总经理"听电话。

这和亲自送件时一样，如果你请企业高层的秘书或部门负责人听电话，对方就会把你当成推销东西的业务员。你很可能因此失去和企业高层讲话的机会。

如果是上市企业，接电话的几乎都是秘书，所以接下来要说明的方法就是争取与目标客户直接通上电话。只要过得了这一关，和企业高层人员讲上话，就有80%到90%的机会可以成功约见对方。

对于打100通电话都不知道能否约到一位客户的业务员而言，一定会觉得不可置信，但

> 和企业高层讲上话，就有80%到90%的机会可以成功约见对方。

这就是为什么要事先锁定目标客户写信的原因。请大家在打电话前回想一下,你当时为什么这么执着地想要约见对方,这份强烈求见对方的心情会透过电话传达给对方。

02 | 成功提高电话约见率的说话术

● 和对方秘书对话的诀窍

确认高层人员是否已经收到并看过自己寄去的信。

如同我在前面说的,即使打电话给上市企业的高层,企业高层本人也很少直接接电话。总机转接之后,接电话的人通常是对方的秘书。如果过不了秘书这一关,就无法和想要接触的企业高层通上话。所以我要先介绍如何和对方的秘书对话。

在告诉秘书自己的公司和姓名之后可以先向对方确认企业高层是否已经收到并看过自己寄去的信,同时表明自己希望和企业高层直接通电话。此时,秘书通常会有以下三种反应:

1 断然拒绝。
2 因为某种原因拒绝。
3 将电话转给目标客户。

稍后我会谈到被拒绝时,什么样的情况应该放弃,什么样的情况应该继续争取。接下来,我先介绍如果电话被转给目标客户时应该如何应对。

●面对企业高层的说话术

虽然这种情形出现的可能性很低,但也有可能第一次接触就可以和目标客户通上话,或者遇到对方直接接电话的情形。

根据我的经验,只要能和企业高层讲上话,通常就有80%到90%的机会成功约见对方。所以,如果对方愿意接电话,大家不妨想成对方有意愿和自己见面。

虽然这时你一定紧张万分,但和写信一样,此时你不需要说太多话,一开始只需说:"您好,我是××公司的业务员,我叫×××。日前我寄了一封信给您,不知道您过目了没有?"如果对方听完你的开场白之后,很有意愿地询问你"你想约什么时候见面",或是说"下个礼拜我有空",就要立刻和对方约定时间,问他:"谢谢您!不知道×月×日您方便吗?"

见面时间可能就这样说定了。

　　因为第一通电话里应该说的已经全部都写在信里面，所以只要说这些就够了。简短的对话反而更能让忙碌的企业高层对你有好感。

> 简短的对话反而更能让忙碌的企业高层对你有好感。

和企业高层说话时的基本说话术与注意事项

1　面对企业高层的基本说话术

📞 **业务员**："您好，我是××公司的业务员，我叫××。日前我写了一封信给您，不知道您过目了没有？"

📞 **企业高层**："我看过了，挺有意思的。你什么时候有空？"

📞 **业务员**："谢谢您！不知道×月×日或×日的下午，您方便吗？"

📞 **企业高层**："那么，就约×日的下午两点到三点，怎么样？"

📞 **业务员**："×日的两点是吗？我会准时到贵公司拜访，今天真是谢谢您。"

2　和企业高层说话时应该注意的事

① 简单回答对方的问题

当然大多数的对话都会像上面的这个例子一样，很快就结束了，但有时对方会提出问题，这个时候必须小心回答。

◎ 对方可能没有细读你的信，因此就算说话的内容和信件重复也没有关系，可以把信件里提到的实际业绩再说一次。

◎ 总是想要充分表达，就会越说越多，所以要注意说话时尽可能言简意赅。

---

② 沉着稳重，不急不躁

如果你很害怕或紧张，对方立刻就会发现。不妨将要说的话写好放在桌子上，说话时尽可能从腹部发音，降低音调。

---

③ 事先准备制胜的关键句

虽然有机会可以约到对方，但如果情况不明，可以准备一套说辞助自己一臂之力，以便在谈话不顺利时使用。

● 和企业高层对话时的注意事项

虽然这种情况并不多见，但也会遇到就算企业高层愿意接电话，却不答应和你见面的事。根据我的经验，多半是因为业务员话太多。你话说得越多，越不可能成功约到客户。

我刚才已经说过，第一通电话应该说的事已经写在信里，打电话只是要确认对方有无见面的意愿，或是决定见面的时间。

但是，有些业务员自我介绍就说个没完，没有什么比再听一次自己已知的事还无聊的了。许多业务员很容易犯话多的毛病，只要对方面露悦色，说话就没完没了，忘了分寸。我以前也是这样，曾经因为说了太多不必要的话，而毁了和客户见面的机会。

如果你是那种一说起话来就没完没了的人，请在打电话前在书桌上贴上"严禁啰唆"

你话说得越多，越不可能成功约到客户。

的纸条来提醒自己。不过，有时虽然自己知道，谈话会因为对方不断找话题而越说越久，但这往往表示对方没有仔细看信。

这种事也经常发生，必须注意有些人是因为对你的手写信和信中的讯息感兴趣而接电话。这些人最常问的问题是："你们公司是做什么的？"这时就算是重复信件内容也没有关系，可以把信中所写的公司业绩再说一次。因为你的信是从经营的角度出发的，所以这些高层人员不会觉得不耐烦。如果换另一套说辞，反而会让对方觉得你的业务内容适合转交给部门负责人。

还有一种自杀模式，就是因为太紧张导致说起话来吞吞吐吐。要避免这种情况，可以将打电话时需要说的话事先写好放在桌上，或是练习缩下巴、用腹部发声、降低音调，以免声音颤抖，或是贴一张"说慢一点"的纸条来提醒自己。

不过，毕竟大家从来没有和上市企业的高层说过话，紧张是在所难免的。然而，治疗紧张最好的方法其实就是"习惯"。一回生，二回熟，只要顺利和企业高层讲过一次话，就会

治疗紧张最好的方法其实就是"习惯"。

渐渐建立信心,下次就不会这么紧张了。因此,建议大家要尽早学习直接和企业高层接触,享受这种独特的紧张气氛。

前面曾经提到,接受我的指导的新手业务员,几乎没有一个人因为害怕而放弃使用"交易关键人攻略法"。事实上,他们刚开始打电话时,也是万分紧张,然而,一旦将这个工作变成习惯,效果完全超乎想象。现在打电话给企业高层对他们来说再自然不过,甚至有人已经懂得享受这个过程。切记,习惯的威力往往大过学习的效果。

习惯的威力往往大过学习的效果。

● 事先准备必杀说话术

如果企业高层本人愿意接电话，根据我的经验，他们多半都会愿意见你一面，不过其中也有人是你必须要加把劲儿争取的。

他们可能会说："你的提议很有趣，但是我最近很忙……"或是表示："我看过你的信了，这种事不用找我谈也行！"听似没有意愿，却并没把话说死。

这时你就必须加把劲儿，只要让对方知道你真心想求见，对方很可能就会同意见面。为了这种状况，你必须事先准备一套有力的说辞，在关键的一刻让对方点头见面。

但是，如果只是说"请您无论如何都要给我一次拜访您的机会"，是无法打动对方的。

"我虽然还需要多学习，但是我对我们公司

> 企业高层愿意接电话，就说明他们多半是愿意见你的。

的产品非常有信心,请您务必见我一面。"

"如果您对我们的产品不感兴趣,我会立刻告辞,绝不打扰您。"

"您能不能给我一次介绍我们公司最优质产品的机会,我一定不会让您失望的。"

以上是我个人遇到这类情况的几套话术。为了让对方了解你的诚意,每个人都可以准备一套适合自己的说辞,这样就不会临时不知道该说些什么了。所以,平常就准备好一套属于自己的必杀话术,不仅可以成为临门一脚的关键助力,在对方即将拒绝你时,也可能成为扭转颓势的最后王牌。

扭转这种局势虽然并不容易,但放手一搏或许会有意想不到的结果。

为了让对方了解你的诚意,每个人都可以准备一套适合自己的说辞。

03 | 懂得乘胜追击和停顿

● 如果对方断然拒绝就放弃

前面曾经提到，如果是企业高层本人接的电话，有80%至90%的机会可以成功约到对方。因为，如果对方打算拒绝，通常是不会亲自接电话的。

不过，就算第一次打电话过去被拒绝，依照对方拒绝的方式，还可以分成有希望扭转局势和没希望起死回生两种情况。你是否能够成功约到客户，全看你能否分辨事情还有没有转圜的余地。

"我看过信了，不过我们没有需要"，这种说话方式就是前面所说的"断然拒绝"，是一种就算你再努力也很难约到对方的回应方式。

你是否能够成功约到客户，全看你能否分辨事情还有没有转圜的余地。

遇到这种情况就可以放弃。

但若碰到对方秘书说"让我确认一下",就表示事情还有可能性,因为无法立刻答复的秘书,通常会说这句话。不过,如果对方最后的答案是:"我看过信了,不过不需要。"这种情况也不要继续死缠烂打。

我们虽然不知道对方是否真的看过信,但至少知道对方的答案是:"不想见你。"就算你穷追不舍,也还是约不到对方;虽然遗憾,也只能放弃。

"××总经理虽然已经看过您的信,但是因为他现在很忙,这次就不麻烦您了。"这虽然也是拒绝时常说的话,却隐藏着些许可能性在其中。因此,当对方表示最近比较忙时,你可以跟对方确认什么时候才方便见面。

当然,秘书很可能加以婉拒,不说确定的时间,这时也应该不要再追问。但是,如果对方表示"夏天以后"或"几月以后"的话,机会就来了,因为对方是上市企业的高层,一旦决定好时间,就会负责任地处理你的问题。等他说的时间到了,再打电话给对方,很可能就有机会上门拜访。

> 当对方表示最近比较忙时,你可以跟对方确认什么时候才方便见面。

不过，如果业务员自己忘了时间，没有采取行动，就说不过去了。因此，务必要把日期写在记事本中，提醒自己，采取行动。因为遵守时间，会让对方更信任你。

●没接电话就表示拒绝

不过,有时候秘书或目标客户都不会接电话,这样的情况虽然可能性很低。如果三天之内都无法联络上本人或秘书,我也建议干脆放弃这个客户。

还有一种情况,秘书的说法既不肯定,也不否定,且不愿意将电话转给目标客户,这其实也是一种拒绝。"交易关键人攻略法"的观念是一旦遭到拒绝就不要勉强追进。虽然业界有句名言:"拒绝后才是一决胜负的开始。"但因为"交易关键人攻略法"强调的是彻底执行锁定目标和行销计划,所以必须控制推销次数,才能真正提高绩效。

我在序章中曾提到,金牌业务员对于没指望的客户会趁早放手,但业绩不理想业务员则会"紧咬不放"。不断纠缠没有希望的客户,

一旦遭到拒绝就不要勉强追进。

控制推销次数,才能真正提高绩效。

是业绩不理想业务员才会有的行动。这样只会使你永远无法寻找下一个有可能的客户。想要成为金牌业务员,首先必须知道,一旦认定对方没有意愿,就应尽早放弃。

● 遇到企业高层外出或开会，就继续跟单

很多时候无法和目标客户通上电话，多半是因为对方不在。例如，你常会听到秘书说："××总经理现在不在办公室"、"××总经理目前正在开会"或是"××总经理外出，今天应该不会再回办公室了"。

虽然对方可能是礼貌性地拒绝，但业务员一定要向对方确认企业高层会在公司的时间。例如："××总经理什么时候会回来？""请问会议几点结束？"或是"××总经理明天会在公司吗？"等时间到了，再打一次电话，如果还是找不到人，就再次询问对方企业高层可能在公司的时间，然后再打一次。但如果已经打了五六次电话，对方都推说高层不在的话，就可以死心了，因为这很可能是对方不愿见你的借口。

和秘书通话时，要相信对方所说的理由，而且确实依照秘书所说的话谨慎应对。

如果对方告诉你"总经理下午一点会回公司"，那就下午一点再打电话；如果对方表示"会议延长"，你就表示稍后再去电。其实往往在打过三至四次电话之后，你就会和对方秘书建立起信任关系。

> 要相信对方所说的理由，而且确实依照秘书所说的谨慎应对。

因此，在通电话的过程中，最重要的是，必须让秘书认为你这个业务员完全信任她。一般人很容易怀疑秘书，自己猜想："搞不好总经理就在办公室"，或是"他该不会根本没有转告领导吧"。但我建议大家千万不要这么想，因为就算你没有采取任何行动，但语气中还是会透露出你的怀疑。

只要能够耐着性子，让对方认为你是个值得信赖的业务员，有时秘书也会被你的诚意打动，卖你一个面子，告诉你："请在三点半来电，我再帮你转接。"就算这种情形并不多见，大家还是必须要记住，长年跟在企业高层身边的秘书，也是阅人无数的厉害角色，他们也和老总一样，很会看人。因此，绝不能怀疑他们，或表现得毫无诚意。

和秘书交谈的说话术

■ 打电话时如何能让对方同意约见？如何判断应该放弃？

 业务员："我是××公司的业务员，我叫××。日前我寄过一封信到贵公司给××社长。不知道他看过了没有？我希望能够亲自和他说明一下相关内容。"

1 断然拒绝

 秘书："××总经理已经看过您的信，不过这次就不麻烦您了。"

放弃

2 因为某种原因而拒绝

 秘书："××总经理外出，今天应该不会回公司了。"

 业务员："那么××总经理明天会在公司吗？"

再试一下

因为某种原因拒绝，大多是因为当事人不在公司，这个时候不妨再试一次。

3 接通本人

 秘书："××总经理已经看过您的信，他在办公室，请您稍后。"

和本人通话

第四章 成功用电话约到客户

●与秘书建立交情，抢得先机

我之前提到，在打过几次电话之后，有时候秘书会卖给你人情。和秘书之间是否能够互相信任，也是能否成功约见企业高层的一大关键。所以，请大家要有心理准备，因为第一次打电话就能够接触到企业高层的机会并不多。

如果没有和目标客户通上电话，就必须不断和秘书打交道，直到和目标客户通上话为止。

有时你能够和目标客户通上话，已经是几天甚至几个月后的事。为了方便可以随时联络，避免在讲上话之前，目标客户忘记自己的存在，和秘书保持密切联系就非常重要。但是要提醒大家，如果你认为对方可能不会告诉你，他就一定不会告诉你。所以你必须调整心态，认为对方告诉你这些资讯是理所当然的事情。

> 和秘书之间是否能够互相信任，也是能否成功约见企业高层的一大关键。

第二件事就是要提醒秘书，你想和目标客户谈的是有关公司经营层面的事。有时候秘书也会看到你邮寄的信（或亲自送的信），你如果不说清楚求见的目的是为了讨论公司经营的方向，对方就会认为即使不是企业高层也能够处理你的问题，从而将你的要求转交相关部门。

此外，在和秘书说话时，要注意态度必须和面对企业高层时一样。如果你因为对方是秘书而态度傲慢，当时就会让对方不信任你。

在和秘书说话时，要注意态度必须和面对企业高层时一样。

在打过第一通电话之后，如果恰巧有机会来到对方公司附近时，可以请秘书转交留言给目标客户。如果取得任何有利于目标客户运营成效的资讯，也可以通过电子邮件发给对方。联络的频率要和正常联络其他目标客户一样，这么做的目的是要让秘书站在你这边，然后才能提高和目标客户通上电话的可能性。

我之前也提到过，秘书会要求你在一定的时间内打电话。如果对方相信你，就可能提供给你更容易联络到企业高层的时间。不过如果全部都靠秘书，事情也不一定会成功，请各位一定要注意。

虽然让秘书相信你很重要，但你的目的是

第四章 成功用电话约到客户　173

为了打电话给目标客户，争取见面的机会。

如果因为相信秘书而请对方帮你确认目标客户见你的时间，90%都会失败。刚开始的时候，我也常因此而惨遭失败。

总之，如果无法和目标客户通上电话，就几乎不可能约见到对方。

第四章重点整理

◎ 在邮件预计送达的两天内，或亲自送件的次日之前，务必与对方联络。

◎ 打电话最好的时间是客户早上刚进公司时和傍晚时，而且一定要指明目标客户听电话。

◎ 和目标客户讲电话尽可能简短，切中要点。

◎ 被断然拒绝或多次都无法和对方联系上时就要放弃。

◎ 与秘书建立交情，让对方愿意帮忙转接电话。

第五章

第一次见面就成功

01 | 事前的准备是成交与否的关键

● 请公司一级主管陪同拜访目标客户

"交易关键人攻略法"中最重要的工作就是约到客户，只要约到客户，就算大功告成。但是，不是约到客户之后，就可以把所有的工作都交给上司。对业务员来说，真正的奋战在约见后才开始，因为必须说服上市企业的高层，取得合作契约。

> 说服上市企业的高层，取得合作契约。

接下来，我将说明业务员要如何代表公司拜访上市企业的高层，以及做好相关的准备工作。

基本上，前往拜访企业高层时，必须要有与对方身份相当的一级主管陪同。大家必须要有这样的职场认知，也就是说，和其他企业开会时的职场默契是一级主管对一级主管，业务负责人对业务负责人。尤其是组织阶级明确的上市企业是十分讲究职场礼数的。与企业高层约定见面之后，请一级主管陪同前往拜访，对对方是一种礼貌。

一听到必须请上司陪同拜访，有些业务员就会直接找好说话的直接上司（科长或是课长级别），或是口才好的前辈陪同前往，但千万不可以这么做。因为对方是上市企业的高层，如果同行的不是一级主管，不仅非常失礼，而且可能让对方有不被尊重的感觉。

无论是大企业或中小企业，基本上陪同前往拜访的主管，职位必须和对方相当。不过由于各家公司的规模不同，由部门经理以上的一级主管接待对方就不算失礼。

如果有好几位适合陪同前往的人选，就必须挑选能够从经营角度谈话，或是懂得洽谈技巧的主管。

之所以要大家选择有能力从经营角度洽谈

> 前往拜访企业高层时，必须要有与对方身份相当的一级主管陪同。

合作方案的人选，是因为你在一开始的信件和电话里，已经向对方清楚表明，你们公司有能力提出提升或改善对方经营问题的方案。如果见面时，话题突然转变为业务主管层次的议题，很可能就会让这趟拜访无功而返。

如果以前面提到的系统开发公司为例，与其用"贵公司系统部门的问题点和改善空间"作为开场白，倒不如先从"如果从经营的角度来看贵公司的IT策略"破题，更能够让这趟拜访顺利进行。因为，如果对方想谈的是企业经营的问题，而你却只站在业务负责人的角度谈论细节，就会"话不投机半句多"。

如果陪同开会的是董事以上的一级主管，就有能够从经营的角度和对方洽谈合作的可能性。如果适合陪同前去的人选同时有好几位，这时可以请教直属上司或资深业务员的意见，决定该由谁陪同前往拜访目标客户。

同行的主管除了能够从经营的角度切入话题之外，还必须能够化解因谈话中断的冷场或尴尬，具有读懂对方心理的商场交涉能力。

和企业高层开会时，无论是会议开始时还是寒暄完毕后，都容易出现短暂的沉默。能否化解这种冷场,将直接影响到会谈的气氛。

  不过,要从客观角度判断主管是否具备这些能力并不容易。最简单的办法就是,观察他过去是否曾经和上市企业的高层开过会或谈过生意,尽量找有经验的一级主管同行。

● **不便向主管开口时的做法**

就算知道要视对方的职位邀请自家公司的一级主管同行,但有些公司的一级主管对新手业务员来说根本是遥不可及的存在,更何况是要求他们陪同前往拜访客户。因此很多新手业务员往往会裹足不前。

我辅导的业务员之中,就有不少业务员虽然成功约到上市企业的高层,却因为不好意思请主管陪同前往拜访客户,于是一个人单打独斗,其结果可想而知。

那么,要怎么做才能顺利地请一级主管陪同拜访客户?那就是请直属上司帮忙请托。你的直属上司应该要比其他业务员更清楚公司内部的状况。因此,通情达理的上司通常会立刻掌握情况,想办法要求公司内适合的一级主管协助配合。

请直属上司帮忙请托公司一级主管。

> 即使约到客户是你一个人的功劳，你也必须表现出愿意与上司分享工作成果。如此一来，上司才会非常乐意为你寻找适合一同拜访的人选。

不过，如果没有把话说清楚，上司也有可能会误会你的意思。举例来说，如果目标客户是股票上市企业第二把交椅的总经理，而你所在的公司是中小企业，任谁都知道应该是由你和社长一同前往拜访。但如果赴约的却是约好客户的你和在得知消息后主动表示愿意前往的直属上司，这就会让对方怀疑你是否不懂得职场礼节。

所以你必须告诉直属上司，在电话中曾告知对方会与公司高层一同前往拜访。这么一来，你的直属上司就会知道自己不适合陪同，必须帮忙找更适当的人选。

面对这种情况你要特别小心说话的态度，照顾直属上司的感受。因为如果把上司当成传话筒，很可能会让上司感到不受尊重，甚至拒绝帮忙。即使约到客户是你一个人的功劳，你也必须表现出愿意与上司分享工作成果。如此一来，上司才会非常乐意为你寻找适合一同拜访的人选。

总之，如果麻烦公司高层帮忙有困难，千万不要一个人伤脑筋，直属上司就是应该在这种时候发挥作用的。况且，对上司来说，被下属信任也是一件值得高兴的事，更何况是为了和上市企业的高层见面会谈，他一定会很乐意帮忙。

● 拜访客户时的四大原则

除了要请公司一级主管陪同前往之外，和目标客户会谈时，还需要注意以下四件事：

(1) 一旦决定出席人选，务必事先通知对方

最理想的做法是：在与客户约定好会面的时间之后，就告诉对方会面的细节。但若无法立即确定议程，至少在决定出席会议的一级主管时，就立刻告知对方的秘书："当天将由本公司的××主管和我一同前去拜访。"因为如果当天拜访方的人数和你先前告知的不同，会非常失礼。最好不要改变原先的计划。

(2) 事先和一级主管开会

虽然业务员不至于在完全没有和主管商量的情况下就去拜访客户，但是为了慎重起见，

还是应该整理出一份资料，让陪同主管能事先掌握状况。

例如：锁定对方的原因、约定客户时与客户之间的对话，你都必须详细地告诉陪同的主管。因为陪同主管代表公司，一定要了解状况，作出为大局着想的判断，所以你必须提前向其报告所有的细节。

你的报告也会影响陪同主管对这次拜访目标的设定。如果他在什么都不知道的情况下，开始推销自己的产品，对方可能会因为事情和你说的不一样而结束会谈。

我要再次提醒大家，<u>企业高层不是你要推销的对象，所以务必要让企业高层负责人把直接负责该业务的负责人介绍给你。</u>

(3) 打电话给目标客户的业务员一定要一同前往

我曾经作为一级主管，代替下属独自去拜访过上市企业的总经理，最后没能谈成交易。当时，打电话给目标客户的业务员身体不适，只好由我一个人出席。我认为此举不至于影响拜访，因此没有事先通知对方。

这位总经理在还没交换名片之前，一直认

整理一份资料，让陪同主管能事先掌握状况。

为被带到会客室的我,就是打电话求见他的业务员,也就是我的下属。当他看到名片,发现我不是当事人之后,立刻不悦地对我说:"森先生!事情不是这么做的吧!这样是不对的!我是因为那位业务员说无论如何都要见我,我才把时间空出来。他不能来,为什么不事先告诉我?"我只好立刻表示:"我们改天再来拜访!"结果,那天我只在会客室里待了3分钟就结束会谈了。

后来,我又和打电话给这名客户的业务员一同拜访他,最后终于谈成这笔交易。现在,虽然可以笑谈这段往事,但当时只因打电话的当事人没有出席,交易就差点失败。所以大家务必要特别注意这些职场"潜规则"。

> 客户想见的人是"你",而不是"你的公司"。

有些人听到必须请公司一级主管陪同,就认为自己可以不用出席。但是,大多数企业高层之所以答应见面,是因为他们想见的人是"你",而不是"你的公司"。

所以大家一定要搞清楚,无论什么情况下,你本人一定要出席。如果无法出席,也一定要事先告知对方,商量后再决定处理方法。

第五章　第一次见面就成功

(4) 必须为突发事件负责

拜访目标客户前最可能发生的意外就是"迟到"。原因可能是前一场会议延后结束，或是电车停驶等。一旦得知自己公司的主管可能迟到，就要立刻联络对方的秘书，告诉对方："不好意思，受到前一场会议的影响，我们等会儿可能会迟到10分钟。"

切记，遇到任何突发状况都不要自己单独赴约，就算失礼，也要请对方将会议时间延后。即使迟到的是自己公司的主管，在向对方说明时，你还是必须一肩扛起，不能将责任推给自己公司的主管。因为如果你告诉对方你自己人到了，但是××董事或总经理迟到，这样会影响自己公司的信誉。

相反的，如果迟到的人是你，公司主管也应该这么做，绝对不能让对方的高层看到你们互相推卸责任的态度。

不要让企业的高层看到你们互相推卸责任的态度。

● 尽量积累拜访客户的经验

我在第二章里曾提到，即使是经验老到的金牌业务员，和上市企业的高层见面时也会紧张。无论是谁，拜访企业的高层都会有压力。在打开对方办公室的门之前，我相信你的背后、腋下和脚底，全身上下都会不停地冒汗。就算你想挤出笑容，但是脸上的肌肉就是不听使唤。或许你曾反复练习，可上场时笑容就是自然不起来。

等到真的见到企业高层，你更是紧张得不得了。因为对方的威严让你全身僵硬，无法放松。

我年轻时去拜访客户，为了舒缓紧张情绪，甚至会捏自己的大腿。这个时候知识和见识都派不上用场，最需要的反而是胆量。

我曾经陪同新手业务员拜访企业高层，他

这个时候知识和见识都派不上用场，最需要的反而是胆量。

们大多不是六神无主,无法直视对方的眼睛,就是因为太紧张而不停地眨眼睛,或是连头都不敢抬,只是低头拼命做笔记。

第一次和企业高层见面时,因为太紧张而出现一些反常行为,或是离开对方企业之后,因为消耗太多能量而全身发软,这些都是拜访上市企业高层的必经经历。

相信许多人找工作时,就曾经知道企业高层有种不怒自威的气势。没有体验过,就一定不会知道,毕竟这种胆识是看再多书也学不会的。

只要克服这种畏惧感,你就离金牌业务员更近了。

02 | 第一次拜访客户该做的事

● 第一次拜访客户只需要做三件事

虽然和客户会谈时，主角是同行的主管，但是业务员也有业务员该做的事。因为约到连公司主管都约不到的上市企业高层的人是你。虽然会议中你不一定要开口说话，还是要让对方感觉到你的存在。如果你没有亲自去拜访客户，进入具体合作阶段后，就会觉得无从下手，而且完全没有成就感，不知道自己为什么要努力去接触对方企业的高层。

你的工作其实就是见面时寒暄、制造话题和离开前致意，只要做到这3件事就算完成这趟任务了。

首先，见面交换名片时，必须要依照身份

见面时寒暄、制造话题和离开前致意。

让对方知道，你就是那个写信和打电话的人。

高低从公司主管开始介绍。不过对方在乎的对象不是你的主管而是你，因为他们想要知道无论如何都要求见他们的是什么样的人，想确认你是不是他们在信件和电话中想象的那个人。此时你给对方的印象，很可能会影响日后的交易，所以最好能够在交换名片时，让对方对你有好感。

你可以说："非常感谢您愿意和我见面"或是"我一直很期待和您见面"。虽然没有规定一定要这么说，但最重要的是要让对方知道，你就是那个写信和打电话的人。对方当然也很清楚谈生意的时候要有主管陪同，他们只是想确定你是不是够积极、够诚恳。

有些业务员会在这时说一大串开场白，但我建议简单、有诚意地寒暄下就好了。

● 可从信件内容切入正题

寒暄结束之后，接下来就是这次见面的重头戏，而主角是身为业务员的你。

有些业务员因为紧张不知道该说些什么。但这时如果来访的人不先开口说话，对方也不可能主动破题。与你同行的主管很可能因为怕冷场，自己先披挂上阵。若业务员错失这次说话的机会，在会谈结束前很可能都没有开口的机会，成为无足轻重的配角。虽然你只是陪同主管去拜访，还是要做好与目标客户谈话的准备。

那么，开场白到底应该说些什么呢？最稳妥的做法就是拿你写的信当作话题。例如："感谢您愿意读我的信，我真的很希望能够见到您。"当然，在锁定目标客户前调查所得的相关讯息，这时也可以派上用场。

举例来说，如果对方的公司高层是你的大学学长，就可以告诉对方："您是我大学的学长，很希望有机会能够和您合作。"如果对方是你的同乡，你就可以说："我也是××地人，爸妈常说××地的人都很重感情……"只要是和这位企业高层有关的话题，就能够打开大家的话匣子，让会谈气氛更融洽。

要注意这时说话仍必须以"简洁"为要。费了一番功夫才搜集到的个人资料，刚见面时还是不要提比较好。无论是兴趣还是个人的座右铭，谈论这些触及个人隐私的事，有可能会引起反效果。就算你知道，也要先按兵不动。

> 无论是兴趣还是个人的座右铭，谈论这些触及个人隐私的事，有时可能会引起反效果。

最适合作为话题的是对方就读的学校和出生地。我自己最常用的话题是公司的社训、基本方针、创业理念或创办人说的话。如果是和业务负责人会谈，因为业务负责人不会在意这些事，所以没办法拿这些作为话题，但是企业高层对这些是会非常感兴趣的。

当天如果情况允许，还可以将你从进入该企业到被带到会客室这一路上看到的待客之道和员工态度带入话题，表示企业对拜访客户亲切有礼，员工能够切实实践社训，让你非常感动。

开场白其实说什么都可以,用意是在制造和企业高层说话的机会。但问题是,刚见面时,你很可能头脑一片空白,当场想不出什么好话题,所以还是要事先准备谈话内容,甚至事先练习该怎么说。

事前也要先想好如何用一句话,说明你们公司的商品和服务。我在前面曾提到,企业高层几乎不会看你随信附上的公司简介,因此刚见面最常被问到的是:"你们公司是做什么的?"如果你能在这个时候回答出让对方印象深刻的话,抓住企业高层的心,就能让这场会谈顺利展开。

<u>每个业务员平常就应该训练自己,用一句精彩的话说明公司的商品和服务。</u>

企业高层通常非常善用简短话语说明问题,而且这些话的特征是简明易懂,让人印象深刻。所以大家务必事先准备好独具特色、能够让对方眼睛为之一亮的说辞。

大家务必事先准备好独具特色、能够让对方眼睛为之一亮的说辞。

●不需讨论交易细节

见面的前3分钟要营造气氛，千万不要一开口就谈生意。

见面的前3分钟要营造气氛，千万不要一开口就谈生意。如果一见面就马上切入生意话题，很可能就没有下一次见面的机会了。

上市企业的高层并不会轻易相信他人，对人有防备心是他们的特征。因为他们的责任重大，要说服他们需要时间，所以在他们还在评估你的阶段，就算跟他们谈生意，也不会有效。

拉住将话题扯远的主管。

等到家常话说完之后，开始讨论正题，基本上就可以把事情交给公司的主管。但是在谈话的过程中，你还有一项重要任务，那就是拉住将话题扯远的主管。

我在前面曾提到，在选择陪同前往拜访目标客户的主管时，最好是找说话懂得收放的谈判高手。这是因为有时业务员好不容易铺垫好，却因为主管抢快或得意忘形而前功尽弃。最常见的情况是公司的主管因为气氛融洽而忘了分寸，和对方讨论起生意细节。企业高层只要同意合作，就会把细节工作交给相关的业务负责人，如果谈得太深入，反而会让他们觉得浪费时间。

以往我就遇到过公司主管忘了拜访的目的和对方讨论起合作细节的情况，令我尴尬不已。我因为约到×大广告代理公司的总经理，要求高层主管陪同前往开会。那位总经理明明是在讨论引进经营股策略系统，但是陪我前往的主管却突然说出："彩色影印的计价是一张10元。"这是第一线人员才需要讨论的事。后来我又赶紧安排别的主管前去拜访这位总经理，好不容易才扭转局势，谈妥生意。这件事给我的教训就是：有时候，交易可能会因为得意忘形而破局。

还有一些主管会不断重复同样的话题，对方就算不耐烦，也不会说出来。这时只有你才能阻止忘记自己角色的主管，以免影响交易的成功。因为说话者往往会越讲越熟络，没注意到对方已经不耐烦了。

●展现最真实的自己

无论是第一次拜访或是日后会谈,要想让企业高层相信你,就看你如何展现真实的自己。如果你不诚恳,对方也不会真心相待。

大多数上市企业的高层都很会看人,你刚走进会议室,他们很可能就已经把你摸透了。在这种人面前,千万不可以装模作样、卖弄聪明,假装自己很能干。

> 如果你不诚恳,对方也不会真心相待。

不只如此,如果你企图隐瞒或掩饰问题,只会让对方心生反感。我年轻时也做过这种事,对方的地位越高,我就越是装懂,还曾经因此挨过骂。

我的经验是:勇敢地展现真实的自己,反而更顺利。前面我也曾提到,上市企业的高层对人都很有戒心,有不少人在第一次见到业务

员时,几乎一言不发。也有人一边说话,一边盯着你看。新手业务员往往被吓得不知所措,眼睛不知道看哪里,好像待宰的羔羊。他们其实是在等你表现真实的自己,希望你真实地展现自己。

虽然面对第一次见面的企业高层,要真实地展现自己并不容易,不过,因为经历丰富的企业高层都有宽大的胸襟,只要你愿意坦诚表现自己,他们一定会接受你。

为了克服这样的心理障碍,我通常会在对方看得见的地方做笔记,或是将写满会谈重点的笔记放在对方看得见的地方。这么做不仅能在短时间内分散对方的注意力,自己也不需要老是盯着他们看,心理上多少会觉得轻松一些。根据我的经验,看到你做笔记,他们多半会觉得好奇,甚至会看你写什么,这些动作其实都有助于缩短彼此之间的距离。

当对方的脸上出现笑容,身体向前倾,就表示他们已经卸下心防。这个时候他们才真正打开心房听你说话。要做到这个程度虽然不容易,但这对业务员来说,都是可以靠不断积累的经验做到的。

> 将写满会谈重点的笔记放在对方看得见的地方。

> 看到你做笔记,他们多半会觉得好奇,甚至会看你写什么。

●用礼貌博取好感

拜访客户时,一定要提醒自己注意时间,因为对方能够给你的时间有限,可能是30分钟也可能是1个小时,这全看对方的行程,原则上你必须在一定的时间内结束谈话。

提醒自己注意对方的时间。

如果超过原本约定的1个小时,而对方已经开始看表,你却还说个不停,很可能就没有再次见面的机会了。不过,有时因为对方已经卸下心防,即使对方的秘书不断提醒却一直在说个不停,或是对方明明告知只有10分钟或30分钟,却说了将近1个小时。这种情况通常可以期待对方愿意再见到你。此时,你也不需要结束话题,但要懂得掌握其中的分寸。

此外,还必须注意业务员的基本礼貌。拜访客户时必须注意仪容,不可以忘记带名片。落实这些基本工作是赢得企业高层信赖的基础。

● 趁访问结束，对方放松时提出问题

无论你们的谈话有多热烈，企业高层在谈话的过程中，还是会步步为营。但会谈一结束，就会稍显放松。提出关键问题的最佳时机，正是离开会客室前往电梯的途中。

尤其是如果遇到午休时间，电梯始终不来，你大概会有3分钟时间可以和企业高层在电梯前聊天。讲究职场礼节的企业高层，一定会把客人送到电梯前，没有人会在会谈结束后立刻离开。

这个时候企业高层会比较放松，如果你有什么想确认的事，可以趁这个时候问。例如，你可以趁机问对方："下次什么时候比较方便和您联络呢？"或是"后续事宜我该和谁联络比较好？"甚至可以试探对方："您觉得我们有机会合作吗？"

> 提出关键问题的最佳时机，正是离开会客室前往电梯的途中。

总之，在会议上不好问的事，这个时候就非常适合开口，就算是谈论工作以外的事也没有关系。例如："我听说您非常喜欢打高尔夫，如果有机会，可以邀请您来参加鄙公司的比赛吗？"虽然这类活动的邀约，很容易被视为社交常说的话，但是开口邀请对方还是有其效果的。

然而重点在于日后必须真的邀请对方，这样才会让对方觉得你是说到做到的人。这是拜访完客户之后维持关系的方法，用起来好处多多。不过千万记得不能装熟，即使拉近了和对方的距离，彼此关系友好，你和客户毕竟不是朋友，还是需要保持适当的距离，这也是和企业高层往来的礼貌。

第五章重点整理

◎ 让自己公司的一级主管陪同拜访企业高层。

◎ 请求上司协助邀请公司的一级主管。

◎ 拜访客户前,和自己公司的一级主管事先商量会谈的内容。

◎ 拜访客户时,业务员只需要负责"寒暄"、"找话题"和"离开前致意"。

◎ 以你和企业高层之间的联系作为开场白。

◎ 事先准备一句话说明自家公司产品和服务的特色。

◎ 在企业高层面前展现真实的自己。

◎ 趁访问结束,企业高层放松之时,询问想要确认的事。

第六章

利用企业高层的人际关系展开横向推销

01 | 第一次见面后该做的事

● 和主管一同寄送感谢函

虽然和目标客户见面让你紧张得不知所措，但是谈完生意后的工作也很重要。由于双方只见过一次面，生意不可能就此成交，如果没有继续跟进追踪，之前花时间行销、寻找目标客户和战战兢兢打电话等所有努力都将化为乌有。

工作繁忙的上市企业高层专程抽空见你，你必须写信对此表达感谢之意。我想同行的主管应该也知道"礼多人不怪"是业务员的基本守则。

感谢函的内容可以很简单，例如："感谢您上次百忙之中赐见。"最重要的是第一时间表达谢意，绝对不能拖延。虽然第二次接触的对象会变成企业高层引荐的业务负责人，而非企业高层本人，但业务员还是不能忘记致谢。

在调查目标客户时，搜集的企业高层的生日、公司成立日或股票上市日等资讯一定要记下来。在纪念日的时候，不要忘了写信或发电子邮件表达祝贺。

未曾谋面之前，要用信件才能打动企业高层，但第一次见面之后，就可以改用电子邮件联系了。此外，如果对方企业有任何动向，例如，人事升迁、总经理换人或发展新领域，都可以利用电子邮件致意。

利用网络搜索便可轻松掌握对方的动向，生意或许不会立刻上门，但有时会有突如其来的惊喜。

我就遇到过一位业务负责人突然与我联系，表示要跟我签订单的情况。而我和这家企业的联系，不过就是曾在他们企业周年纪念日时，寄过一封电子邮件给总经理表达祝贺之意。后来，我询问这位业务负责人，才知道是总经理指示他将相关业务交由我们公司负责。

可见只要保持联系，类似的情况就有可能发生。

第一时间表达谢意，绝对不能拖延。

●请对方帮忙介绍业务负责人

前面曾经提到，拜访完对方的高层之后，接下来接触的对象就是相关业务的负责人。

因为只要第一次见面相谈甚欢，对方对你的商品或服务感兴趣，就一定会将业务转交给相关负责人，这是企业做事的方法。

大家必须了解，使用"交易关键人攻略法"的目的是为了请企业高层介绍相关业务负责人。我想没有人胆敢不认真处理高层交代的任务，这是职场不变的法则。如果对方的高层在会议中没有提及，你也要记得向对方确认是否可以帮忙介绍相关业务负责人，因为接下来如果不和业务负责人讨论细节，就会影响交易的进行。

当对方帮忙介绍负责人时，也务必确认负责人的姓名。有时对方会说得很快，如果没有

使用"交易关键人攻略法"的目的是为了请企业高层介绍相关业务负责人。

听清楚不要不好意思,一定要再问一次。只要是该问的问题,就放心大胆地问。因为如果不确定业务负责人的名字,到时候找不到人,或是搞错名字惹恼对方,才更失礼。

● 顾及业务负责人的面子

高层由高层接待，业务负责人由业务负责人接待，这是职场礼节。我在前面已经介绍过，拜访企业高层时应该遵守规矩，结束拜访之后也一样。基本上，负责跟进追踪对方高层意见的人，是陪同你前往的一级主管，而你必须负责和对方的业务负责人讨论具体细节。

此时，千万不能态度傲慢，表现出一副你是企业高层介绍的贵客的表情，要以真诚的态度面对这位业务负责人。有些人会因为自己是通过高层介绍的，或自以为和企业高层有交情而态度傲慢，不知分寸。最常见的是当业务负责人不接受自己的提案时，有的业务员就会跟对方说自己是××董事介绍来的。大家千万不可以有这种想法。

即使企业高层认为你的提案大致没有问

> 高层由高层接待，业务负责人由业务负责人接待，这是职场礼节。

题，但第一线的人员也有他们的考量，不见得能够完全接受你的提案。如果让对方觉得你态度傲慢，不只是第一线的负责人，就连企业高层都不会愿意跟你继续往来。

你可以利用机会向高层表达谢意，感谢对方介绍你认识相关业务的负责人，同时报告业务进度，并表明希望日后还有机会能够拜访对方。总之，必须认清自己的角色，保持谦恭的态度，才能和对方长久往来。

当业务负责人不接受自己的提案时，也不要态度嚣张。

如果无视公司主管或业务负责人的存在，越级和对方的高层密切联系，很可能会自讨苦吃。我就曾经吃过类似的苦头。当时我无视陪同对方高层出席会议的业务负责人，而和高层密切联系。突然有一天这名业务负责人语带嘲讽地告诉我："总经理调职了。"从那之后他就再也不给我任何机会，生意当然也没得做了。

我事后才知道，过去其实都是这位业务负责人在照顾我的工作，而我却无视他的好意，甚至还不知收敛地自以为很厉害。

我在不知情的状况下，自以为是，终致犯下大错。这件事让我深刻体会到：无视业务负

责人,越级和企业高层谈生意,是一件多么粗鲁无礼的事!

虽然约到对方企业高层的人是你,但是交易成立之后,两家公司之间的往来,是靠两家公司的所有人员相互支持、相互信任维持的。

请大家务必记住,唯有靠对方企业高层和业务负责人以及你的主观协助,两家公司的合作才能走得长久。

02 | 从企业高层开始横向推销

● 利用客户的人脉横向扩展业务

利用"交易关键人攻略法"可以提高成交的比率，有效对抗经济不景气。但是"交易关键人攻略法"的作用其实不止如此。大家还记得我在前面曾经提到，"乱枪打鸟"的推销方式绝对不可能持久吧？

在身体还撑得住的时候，工作越忙，你会觉得越有干劲，但是到了一定的年纪之后，你不免开始想："我要永远追着业绩跑吗？"或是："再这样下去，身体和精神很可能会受不了。"

很多业务员会在一段时间后出现茫然不安的情绪。"交易关键人攻略法"的精髓就在于，只要能够和一名企业高层深交，就能够通过他的人际关系展开横向推销。

我想大家也曾经让别人帮忙介绍客户,但是,业务负责人介绍的对象往往还是业务负责人。一旦遇到经济不景气,这些人手上的决策权就会被收回,你认识再多这样的人,也提高不了业绩。

如果是企业高层,他介绍的人就很可能是企业的高层,这时候情况就不一样了。只要你能够成功拜访企业高层,取得对方的信任,就能够通过对方的介绍,接触其他企业的高层。

这种情况下,你就不用从头写信、打电话,而是直接和握有决定权的企业高层谈生意。此外,这些相信你的企业高层,日后也有可能成为公司董事。一旦成为董事,其人脉会比担任企业高层时更为丰富,而你就能够经由对方认识更多的企业高层。

这就是我为什么不断要求新手业务员,要尽早开始挑战"交易关键人攻略法"。一开始要你写信、打电话或许很难,拜访对方时,你或许也会紧张到想要逃离现场。但是,如果想要成为金牌业务员,"交易关键人攻略法"绝对是非学不可的好方法。

"交易关键人攻略法"的精髓就在于,只要能够和一名企业高层深交,就能够通过他的人际关系展开横向推销。

●学习企业高层感兴趣的事物

是不是每个人都有办法进行横向推销呢?答案是不一定。因为想让企业高层喜欢和信赖你,就必须在他们面前展现最真实的自己。如果你还年轻,他们或许可以睁只眼闭只眼。但是等你成为资深业务员之后,他们就会要求你用他们的角度看事情。

要想与企业高层建立长期深厚的关系,首先必须培养自身的学识。

一般企业高层对事情都有独特的见解,看事情不会只看表面,会试图找出其中的真理。他们喜欢广泛阅读,对历史、哲学和古典文学往往有很深的涉猎。

从商业杂志的人物专访中就能够窥知各大企业高层的阅读品味。大家会发现大部分都是哲学和古典文学,或是彼得·杜拉克和松下幸

之助这类成功人士或大师的经典著作。

要是企业高层谈起韩非子、苏格拉底或弗洛伊德，你完全搭不上话，和你见面多没兴趣？虽然要和企业高层懂得一样多需要时间，不过，你至少可以从简单的开始学习，努力听懂他们在说什么。

此外，如果你也懂得企业高层感兴趣的事物，自然可以拉近彼此的距离。比方说，了解上了年纪的人可能患的疾病，或是知道哪里有采用高级食材的餐厅以及晚上可以好好喝一杯的地方。

要想和企业高层建立交情，至少能够在他们询问你的意见时，提供可供参考的答案。如果可以的话，也可以学打高尔夫球，其实现在已经有越来越多的年轻人开始打高尔夫球。虽然说经济不景气之后，业务员就很少招待客户打高尔夫球。但是，高尔夫球还是企业高层最爱的休闲活动之一，依旧可以看到大家边打高尔夫球边谈生意。我虽然打得不怎么样，但还是喜欢打。

因为和企业高层一起打球，往往可以对他们有某种程度的了解，进一步拉近你和对方之间的关系。大家不妨学着打高尔夫球，或许有朝一日就会让对方对你刮目相看。

> 如果你也懂得企业高层感兴趣的事物，自然可以拉近彼此的距离。

> 高尔夫球还是企业高层最爱的休闲活动之一，依旧可以看到大家边打高尔夫球边谈生意。

第六章 利用企业高层的人际关系展开横向推销

●把对方当成一辈子的客户来经营

经常思考能为客户做什么，就会将你能为对方提供的服务放在公司利益之前。

所有金牌业务员都有一项共同的特质，就是会把对方当成毕生的客户来经营。和企业高层往来时，如果没有这样的想法，就无法和对方维持持久的关系。

如果你经常思考能为客户做什么，就会将你能为对方提供的服务放在公司利益之前。这么一来，你和客户的关系就能够长长久久。

有一次某企业高层找我商量，如何提升公司的品牌和人气，想让我帮忙介绍某财经杂志的记者安排一次访谈。

由于大企业的宣传工作多半都交由广告公司负责，突然要安排采访有某种程度的困难。我找朋友帮忙顺利地安排了一次访谈。在访谈结束之后，这位企业高层对我说："这明明不关你的事，你却费这么大的功夫帮我，真是

谢谢你！以后如果需要帮忙，请直接找我。"总之，金牌业务员必须是由衷关心对方，如此关系才会长久。

我还曾经介绍熟识的正脊师傅给一位为腰痛所苦的年长的企业高层，当时他也是非常感谢我。这两位企业高层虽然都不是马上把生意交给我做，但是最后都给了我大笔的订单。

当然，不是所有的事都会牵连到利益，但是如果能够随时为对方着想，总有一天会有意外的收获。因为这些讲究礼尚往来的企业高层，都是很重感情的人。

●举办研讨会或球赛让企业高层齐聚一堂

企业高层通常会对认识其他企业高层非常感兴趣。

我担任顾问的多数公司都会定期举办仅限企业高层参加的研讨会。举办研讨会的重点在于事先告知与会者,此次研讨会将请来哪些一流讲师和各大企业的领袖。

因为,企业高层通常不会随便参加与会者不详的研讨会,即使对研讨会议题有兴趣,也会改派相关人员参加。如果将与会者限定为企业高层,就会增强他们的参与意愿。

但是,这个时候要记得举办公司的角色。因为这场会议主要是提供企业高层建立人脉的平台,负责主办的你或公司不宜抢风头或喧宾夺主。此外,也可以举办高尔夫球赛。我在前面也提到,企业高层喜欢打高尔夫球,常常在

> 企业高层通常不会随便参加与会者不详的研讨会。

高尔夫球场上谈生意。

　　我担任顾问的很多公司都会定期举办企业领袖级的高尔夫球赛。举办这类比赛必须注意分组，不妨事先询问参赛者的意愿，或考量彼此实力的强弱，适当安排每队成员。

　　在拜访完企业高层之后，人脉深耕的工作基本上可以交由公司的主管负责。

　　不过，大家总有一天也会成为别人的主管，如果尽早学会与企业高层交友，做了主管后就不会手忙脚乱了。所以大家还是尽早学会，做好准备比较好。

> **举办这类比赛必须注意分组，不妨事先询问参赛者的意愿，或考量彼此实力的强弱，适当安排每队成员。**

从企业高层的人脉展开横向推销

■ 成功进行横向推销的条件

1 **学习企业高层感兴趣的事物**

a. 阅读历史、哲学和古典文学。

b. 了解上了年纪的人可能会得的疾病、好吃的餐厅和适合晚上应酬的地方。

c. 学习打高尔夫球。

2 **将对方视为一辈子的客户来经营**

a. 安排媒体访谈。

b. 介绍认识的正脊师傅给有需要的企业高层。

3 **制造企业高层聚会的机会**

a. 举办仅限企业高层参加的研讨会。

b. 举办高尔夫球比赛。

第六章重点整理

◎ 和主管一同寄送感谢函。

◎ 尊重企业高层介绍的业务负责人。

◎ 利用企业高层的人际关系,展开横向推销。

◎ 学习历史、哲学和古典文学等企业高层感兴趣的事物。

◎ 经常思考你能为客户做什么。

◎ 举办研讨会或球赛让企业高层齐聚一堂。

结语

销售是最棒的工作

读完这本书之后，许多新手业务员将会开始和企业高层联络，我希望各位业务经理能够借"交易关键人攻略法"将自己归零。

在销售界，一旦当上业务经理，经常会把自己当成"山大王"，自以为了不起，有时甚至会因为太在乎自己的地位而忘了自己的角色。要想和企业高层建立长久关系，绝不可以有傲慢或目中无人的心态。因为他们最讨厌因地位和权势靠近他们的人，你必须完全靠自己的经验和修养，一步一个脚印地耕耘人脉。

年轻时我们都可以轻而易举地修正方向，然而，一旦升任业务经理或是更高的职位，就很难表现真实的自我。

前几天，一位可能已成为大企业董事的客户问我："如何才能讨好企业高层，晋升高职？"他出身名校，接受过MBA精英训练，仕途顺利，是一般人口中的企业精英。我心想这个人一把年纪怎么会问这样的问题，但是对他来说，这确实是眼前急于得知的事。

事实上，我经常遇到有人问我类似的问题。很多人都会因为面子、地位和名誉，在不知不觉中远离真正的自我。明明知道自己戴着面具，却还是无法呈现真实的自我。

就是这个想法让我有了成立"业务学校"的念头。我真的想要扭转一般人对业务的认知。最具管理专业性的MBA课程，真的能够培养出真正的领导者吗？我认为今后拥有"业务员精神"的人，才能成为真正的领导者。

　　我非常希望能够把这些教给新手业务员，甚至是业务经理，请大家一起成长。这是我作为一名业务顾问的使命。

　　本书虽然为一些为业务所苦的业务新人介绍了包括如何锁定客户、如何给客户写信、如何约到客户等基本业务方法，但是"交易关键人攻略法"的精髓在于和企业高层建立人脉网络，更进一步追求业务员的自我成长。

　　大多数的企业高层都是人格高尚、极具魅力的人，你能够通过工作和这些才能出众的人互动，是非常值得庆幸的事。但是如果你不够专业，这些高层必然不会和你往来，更不可能和你交心。要在社会上生存不是件容易的事。

　　随着年龄的增加，你需要培养自己成为一名专业知识和修养并具的商业人士，与企业高层建立密切的关系，从他们身上学习专业知识和待人处事的方法，让自己更上一层楼。

　　在这个瞬息万变的时代，如果我的建议能够对各位有所帮助，我深感荣幸。希望我的努力，能让销售这个工作成为大家心目中最理想的职业。

　　最后，我由衷感谢各位的阅读，祝各位业绩辉煌。

森　功有